O Livro dos Pais

apoio à escola de pais

Volume II

Equipe de Evangelização Infanto-juvenil
da Aliança Espírita Evangélica

O Livro dos Pais

apoio à escola de pais

Volume II

Aliança

1ª edição, 1ª reimpressão / 1.000 a 1.500 exemplares

Título
O Livro dos Pais - apoio à escola de pais - Vol II

Autor
Equipe de Evangelização Infanto-juvenil
da Aliança Espírita Evangélica

Revisão
Arlete Genari

Diagramação
Cintia Funchal Rocha de Carvalho

Capa
Marcelino Tristan Vargas

Impressão
Graphium Gráfica e Editora

Ficha Catalográfica

Dados Internacionais de Catalogação na Publicação (CIP)
— Câmara Brasileira do Livro | SP | Brasil —

Lopes, M. Filomena C. e outros
O Livro dos Pais - apoio à escola de pais - Vol. II
1ª edição - São Paulo: Editora Aliança - 2013

ISBN: 978-85-88483-89-7 – 192 páginas.

1. Espiritismo 2. Religião I. Título

CDD-130

Índice para catálogo sistemático:

I. Espiritismo II. Religião I. Título 130

Editora Aliança
Rua Major Diogo, 511 – Bela Vista – São Paulo – SP
CEP 01324-001 | Tel.:(11) 2105 2600
www.editoraalianca.com.br | editora@editoraalianca.com.br

Sumário

Introdução

Na Aliança Espírita Evangélica (AEE), a atividade denominada Escola de Pais é parte integrante do programa da Evangelização Infantil, complementando-o. É um auxílio eficiente para o equilíbrio, a reflexão de posturas educativas, sustentando a família. Não é uma escola nos moldes convencionais, mas sim uma reunião fraterna, aberta a diálogos, sem pretensão de ser um curso espírita/doutrinador, apesar de ter como fundamento a base moral contida no livro *O Evangelho segundo o Espiritismo*, de Allan Kardec.

Dentre os vários objetivos importantes da Escola de Pais, destacamos os seguintes:

- Conscientizar os pais do seu papel de educador;
- Levar informações sobre questões psicológicas, educacionais, pedagógicas e científicas a respeito do desenvolvimento e da formação da criança e do adolescente;
- Propiciar aos pais a revisão de seus próprios conceitos e atitudes;
- Planejar a educação dos filhos de forma consciente;
- Integrar pais e evangelizadores;
- Educar-se para educar, tendo como base os ensinamentos de Jesus.

A Escola de Pais consiste de uma reunião semanal, concomitante as aulas das crianças, focalizando temas de interesse para pais e responsáveis pelo desenvolvimento integral dos pequenos.

A Escola de Pais conta com um dirigente e um secretário, preferencialmente com conhecimento da doutrina espírita e experiência na Evangelização Infantil, e que todas as semanas estão encarregados de receberem os pais, encaminhando-os à sala, onde será realizada a reunião. É importante que a sala de reuniões não sofra interferência ou interrupção constante de outras atividades do centro espírita, realizadas no mesmo horário. Tanto assim que é recomendável que as crianças não interrompam a reunião, sendo sua permanência junto aos pais uma exceção.

As aulas têm a duração de 60 minutos, com a seguinte sugestão para distribuir o tempo:

5 minutos – para leitura de mensagem edificante e breve prece de preparação espiritual do ambiente feita pelo dirigente ou por algum dos participantes, já familiarizado com a sistemática da reunião.

5 minutos – para informações das atividades do centro, como por exemplo, dia e horário da Assistência Espiritual, cursos (Básico de Espiritismo e Escola de Aprendizes do Evangelho), palestras, atividades culturais...

40 minutos – para exposição do tema, preferencialmente, de forma participativa, com dinâmicas, diálogos, depoimentos e reflexões.

10 minutos – para vibrações e prece de encerramento.

É importante que o horário estipulado de início e encerramento da reunião seja respeitado, coincidindo com o tempo das aulas das crianças.

Com o objetivo de auxiliar o dirigente da Escola de Pais e/ou o expositor do tema agendado para o dia, a Equipe de Apoio a Evangelização Infantil elaborou algumas aulas, como sugestão para o desenvolvimento de tais assuntos. Este trabalho foi um serviço voluntário, cujos direitos autorais foram cedidos à Editora Aliança. Os textos mediúnicos foram psicografados por integrantes do Centro Espírita Caminhos da Redenção (Regional São Paulo Centro).

Cada aula consta de uma reflexão, como um momento para o dirigente/expositor interiorizar-se, buscando com ela sua preparação, ligação e harmonização com as equipes espirituais responsáveis pelo desenvolvimento do trabalho, facilitando-lhe o entendimento do tema.

As sugestões de motivação inicial são breves e visam despertar os participantes para o assunto. Elas podem ser aproveitadas em várias aulas, com a devida adaptação ao tema.

Para cada tema, há várias propostas de desenvolvimento, conforme as características e necessidades do grupo. Entre essas propostas, há vários textos mediúnicos, escritos especialmente para este livro. São colaborações da espiritualidade, passíveis de alterações e atualizações de conceitos, exprimindo a opinião particular de cada comunicante, não devendo, portanto, ser considerados como resposta final.

É importante anotar a data em que foi desenvolvida determinada proposta para que o mesmo tema possa ser novamente abordado sob outro aspecto, em data posterior, ainda que discutido dentro do mesmo grupo de participantes. Procuramos, em todas as aulas, adequar o assunto ao conteúdo encontrado em *O Evangelho segundo o Espiritismo* (E.S.E.) ou *O Livro dos Espíritos* (L.E.), de Allan Kardec.

A finalização da aula procura levar aos pais uma reflexão, uma sugestão ou proporcionar a busca de uma alternativa própria, baseada nas vivencias expostas, para conduzir os participantes a harmonia familiar. É indispensável que se sintam à vontade, num ambiente isento de críticas ou julgamentos, pois, como sabemos, não existe uma solução única que sirva a todas as famílias.

Esperamos, dessa forma, facilitar o trabalho dos companheiros que reconhecem a importância e se dedicam à Escola de Pais. Principalmente daqueles que têm muito boa vontade, mas não ainda a segurança e a experiência para orientar uma rota para conviver em família.

Equipe de Apoio à Evangelização Infantil

Espiritualidade

A importância da Evangelização Infantil 1

"Infância e juventude cristãs logicamente formarão sociedades cristianizadas, de mentes abertas e higienizadas, distinguidas pela fraternidade e pacifismo, concretizando em nossa humanidade o tão desejado sentimento de 'Família Terrena', para mais tarde integrar-se no espírito de 'Família Universal'."

Autores Diversos

Curso de preparação para evangelizador infanto-juvenil, cap. 1, Editora Aliança.

Tema / Conteúdo

O papel da Evangelização Infantil – apresentar a importância da Evangelização Infantil na formação da criança e no equilíbrio da família.

Motivação Inicial

Questionamento – *Propor a pergunta e ouvir atentamente as respostas.*

- Por que você traz o seu filho à Evangelização Infantil?

Desenvolvimento da aula

Proposta I Data: ____ / ____ / ____

Questionamento – *Fazer as perguntas a seguir e, após ouvir as respostas, concluir.*

1. O que é educar?

Na Evangelização utilizamos esta visão de educação:

- Auxiliar a criança a conhecer a si mesma e às Leis Divinas que regem os mundos e os seres;
- Desenvolver as qualidades superiores que já existem dentro de cada criatura como herança divina;
- Desenvolver harmoniosamente todas as faculdades do ser.

Entre aqueles que edificam e aqueles que destroem, entre os que tiram a vida do seu próximo e os que dão sua própria vida pelo bem da humanidade existe apenas uma diferença: Educação.

2. O que é evangelizar no Centro Espírita?

- Educar utilizando-se dos ensinamentos de Jesus, esclarecidos pela Doutrina Espírita.
- Conscientizar da importância da crença na imortalidade do Espírito e sua ascensão para a luz.

Conforme Kardec, em seu livro *Obras Póstumas*, as maiores misérias da humanidade são consequência de dois sentimentos em desequilíbrio: o orgulho e o egoísmo. E por que estes sentimentos estão desequilibrados? Porque o homem não tem perfeita compreensão de sua natureza imortal e da reencarnação e seu objetivo: a ascensão para a luz.

3. Por que os ensinamentos de Jesus têm o poder de educar?

Porque Jesus exemplificou os seus ensinamentos. O evangelho dirige-se principalmente ao sentimento.

Não é mensagem para ser apenas estudada, mas acima de tudo vivida. É por isso que o nosso conceito de educação se diferencia do conceito de instrução.

Ainda citando Kardec, "Boas leis contribuem, sem dúvida, para a melhoria do estado social, mas são impotentes para assegurar a felicidade da Humanidade, porque não fazem senão comprimir as más paixões, sem aniquilá-las; em segundo lugar, porque são mais repressivas do que moralizadoras, e elas não reprimem senão os atos maus mais salientes, sem destruir a causa."

"A lei civil não modifica senão a superfície; só a lei moral pode penetrar o foro íntimo da consciência e reformá-lo." (*Obras Póstumas,* Credo Espírita, Preâmbulo)

4. Por que a Evangelização Infantil é importante?

As gerações futuras não serão diferentes da presente com todos os seus defeitos e prejuízos de ordem moral se não tratarmos da educação na infância. Infância e juventude cristãs formarão sociedades cristianizadas, caracterizadas pela fraternidade e pacifismo.

Vejamos o que diz a questão 383 de *O Livro dos Espíritos*:

Qual é, para o Espírito, a utilidade de passar pela infância?

— "Encarnando-se, com o fim de se aperfeiçoar, o Espírito é mais acessível, durante esse tempo, às impressões que recebe, e que podem ajudar o seu adiantamento, para o qual devem contribuir os que estão encarregados da sua educação."

"As crianças são Espíritos que novamente descem às arenas já conhecidas para a continuação da luta espiritual.

São Espíritos muito inteligentes ou muito violentos - ou ainda os dois casos. Uma inteligência, via de regra, cruel, usada em diversas encarnações quase sempre em causa própria. Vêm nesta encarnação como derradeira oportunidade para acompanhar a passagem deste ciclo evolutivo e se preparar para o crescimento espiritual e a renovação interior, a fim de saírem vencedores no selecionamento cíclico e se engajarem na civilização renovada do terceiro milênio.

Os que estão vindo agora são Espíritos destinados ao desenlace planetário deste fim de período; Espíritos violentos, de mentalidade envenenada pelo fascismo e outras ideologias totalitárias.

São os "bandos de gafanhotos" de que fala alegoricamente João em o Apocalipse, por onde passam deixam marcas de destruição – picham, quebram, arrancam, rabiscam. São exemplos disso as gangues que espalham o terror e o crime e outros casos de violências e destruições semelhantes às praticadas em tempos de guerras e conquistas do passado.

Por outro lado, nascem também Espíritos que foram sacrificados nas últimas guerras e que anseiam por um mundo melhor, e aqueles tarefeiros e missionários, que devem servir de orientadores e condutores da massa humana desorientada e sofredora.

Daí avulta o trabalho enorme e a incrível responsabilidade que pesa sobre os ombros dos pais, educadores e evangelizadores." (*Curso de Preparação para Evangelizador Infanto-juvenil,* aula 3, 1.18)

- Como você situaria a tarefa de evangelização no conjunto das atividades do Centro Espírita?

É a mais importante. Com os serviços assistenciais e a orientação doutrinária ajudamos a criança de ontem, que hoje se fere nos desvios existenciais. Com a evangelização ajudamos o homem de amanhã a evitar esses desvios.

- Como são organizadas as crianças na Evangelização Infantil?

Destacar que, embora estejamos educando sentimentos, o Espírito precisa do corpo físico para aprender, o que significa que devemos respeitar a maneira de aprender em cada faixa etária.

Desta forma, costumamos dividir as crianças em turmas, quais sejam:

maternal – de 0 a 3 anos;
jardim – de 4 a 6 anos;
primário – 7 a 9 anos;
intermediário – 10 e 11 anos.

Em cada uma destas turmas, utilizamos métodos e materiais adequados ao entendimento e interesse das crianças.

Os temas são, de forma resumida: Deus, Jesus, anjo da guarda, prece, virtudes. Quase sempre a parte central da aula é uma história que ilustra o tema, contada de maneiras diversas, conforme a capacidade e concentração das crianças.

Finalização da aula

Cartaz *– Confeccionar 3 cartazes com as frases: "Educar para salvar", "Iluminar o coração" e "Dar recursos certos". Apresentá-los e concluir que os objetivos da Evangelização Infantil são:*

- Educar para salvar. Entre aqueles que edificam e aqueles que destroem, entre os que tiram a vida do seu próximo e os que dão sua própria vida pelo bem da humanidade existe apenas uma diferença: Educação.
- Iluminar o coração das crianças para libertar a humanidade de todas as formas de selvajaria, de todas as modalidades de violência e crueldade, de todos os gestos de rivalidade e imoralidade.
- Dar recursos certos, justos, verdadeiros ao Espírito recém encarnado, evitando desde o início que o seu subconsciente arquive ideias errôneas sobre a vida, a morte e o futuro do Espírito em temporária evolução na matéria.

Complementos

- **Bibliografia**

AUTORES DIVERSOS – *Curso de Preparação para Evangelizador Infanto-Juvenil,* 1ª edição. São Paulo: Editora Aliança, 2001.

AUTORES DIVERSOS – *Vivência do Espiritismo Religioso,* 6ª edição. São Paulo: Editora Aliança, 2008.

INCONTRI, Dora – *A Educação Segundo o Espiritismo,* São Paulo, Editora Comenius, 2000.

KARDEC, Allan – *Obras Póstumas,* Credo Espírita, Preâmbulo. São Paulo: LAKE. 1998

KARDEC, Allan – *O Livro dos Espíritos,* questão 383. São Paulo: LAKE, 2001.

Mediunidade infantil 2

"Será inconveniente desenvolver a mediunidade das crianças?

— Certamente. E sustento que é muito perigoso. Porque esses organismos frágeis e delicados seriam abalados e sua imaginação infantil muito superexcitada."

Allan Kardec

O Livro dos Médiuns, cap. XVIII, questão 221, item 6.

Tema / conteúdo

Mediunidade infantil – auxiliar os pais a compreender e identificar a mediunidade infantil, encontrando modos de proceder.

Motivação inicial

Questionamento – *Fazer a pergunta e ouvir atentamente as respostas dos participantes.*

- O que é mediunidade?

Sensibilidade que todo o ser humano tem de captar informações e se comunicar com o plano invisível.

Desenvolvimento da aula

Proposta I **Data: ____ / ____ / _____**

Questionamento *– Fazer as perguntas e conduzir o diálogo conforme o texto a seguir, que poderá ser lido ao final.*

1. Quais são as manifestações que ocorrem com as crianças e costumamos considerar como mediunidade?

2. Quais podem ser as causas dessas manifestações?

3. Podemos considerar essas manifestações como sinal de mediunidade a desenvolver?

4. Que podem fazer os pais para auxiliar os filhos?

1. Com frequência, pais aturdidos pela experiência de lidar com filhos que conversam com amigos "imaginários", que citam fatos ocorridos com outras pessoas antes de seu nascimento, ou que apresentam comportamentos alterados de dupla personalidade, adentram as portas de consultórios especializados, de templos religiosos, em especial de casas espíritas.

2. Sedentos de explicação, inquietos pelo aparente desequilíbrio de suas crianças, deparam-se atônitos com os fenômenos da inter-relação entre as duas dimensões da vida.

Almas recém-egressas da vida espiritual para os desafios de nova encarnação guardam vivas as fortes recomendações de mentores amigos. Ou as lembranças de experiências difíceis na resolução de pendências que constituíram preparação para o reencarne. Também a apreensão diante das provas autoprogramadas para redenção e crescimento.

3. A regra do esquecimento fatual é precisa para o campo do intelecto, porém relativa para as expressões do sentimento.

Em raríssimos casos são expressões de mediunidade, no sentido de tarefa para o bem coletivo. A quase totalidade de relações de crianças com a vida invisível constitui o vestígio de considerações íntimas quanto aos novos desafios ou expressão de afetos ou desafetos momentaneamente separados em planos distintos.

4. Assegurem-se os pais de garantir atmosfera espiritual equilibrada e bons exemplos em seus lares. Os filhos se ajustarão progressivamente aos compromissos da nova existência. Persistindo dificuldades, aceitar a prova é o primeiro passo para enfrentá-la, compreendendo que pode haver explicações que ainda não poderemos receber. Confiar sempre é atitude que propicia segurança para a vida.

Psicografado por Eduardo em 05.08.2010

Proposta 2 Data: ____ / ____ / ______

Casos *– Ler os casos a seguir e pedir que os participantes comentem como agiriam numa situação semelhante, se já presenciaram alguma cena parecida ou que deem um depoimento de alguma vivência. Conduzir o diálogo, baseando-se nas sugestões.*

Caso 1

Miguel é uma criança de 4 anos e certo dia começa a falar de um amigo que vem em sua casa todos os dias para brincar com ele. Em suas brincadeiras rotineiras observa-se que Miguel conversa com alguém que ninguém mais vê.

Observar que o desenvolvimento da imaginação é intenso na fase dos 3 aos 5 anos, podendo ser esse "amigo imaginário" fruto da própria imaginação. A Psicologia considera este fato como uma vivência normal, onde a criança reflete a necessidade de ter um amigo "perfeito", que nunca a contraria. É comum em crianças mais solitárias. Em princípio não se deve dar muita importância, pois esse comportamento tende a "desaparecer". No entanto, é necessário observar se esses comportamentos persistem, podendo ser reminiscências de outras encarnações. O Espírito, até os 7 anos, ainda não está totalmente integrado ao corpo material, podendo apresentar uma sensibilidade mediúnica maior. Em caso de tal comportamento ocorrer reiteradamente, levar a criança à evangelização onde receberá orientação para o desenvolvimento moral e tratamento espiritual adequado.

Caso 2

Mirian é uma menina de 6 anos que começou a apresentar um comportamento difícil. Além de acordar chorando durante a noite, passou a alternar a forma de tratar a mãe, ora com hostilidade, agindo como adulta, dizendo à mãe que não gostava dela, ora tratando-a com amorosidade infantil.

Depois de um tempo, começou a dizer que via uma mulher muito feia que a orientava a atrapalhar a vida dos pais, especialmente a da mãe, afirmando que ela era muito má.

Lembrar que as crianças são Espíritos milenares, que trazem das outras vidas sequelas de relacionamentos. Em alguns casos são "usadas" para afetar os pais por Espíritos que se sentem credores destes. Estas aproximações só se dão porque encarnados e desencarnados encontram-se em sintonia. Para solucionar estes problemas, ou minimizá-los, há necessidade de mudança de sintonia, que implica mudanças de sentimentos e de comportamentos. Evangelho no Lar, preces, buscar paz, principalmente nos relacionamentos familiares. Levar a criança para a Evangelização e assistência espiritual.

Caso 3

Roberto é um menino de 6 anos que há algum tempo contou aos pais que via pessoas estranhas, homens, mulheres, crianças. Dizia que conversava com essas pessoas, mas elas não lhe respondiam e algumas vezes lhe mostravam lugares bonitos. A mãe, então, o colocou de castigo algumas vezes para aprender a não mentir e depois disso ele tornou-se calado, quase não conversava, ficava pelos cantos falando sozinho. Nem mesmo os meninos da vizinhança brincavam com ele, pois diziam que o garoto inventava coisas... A situação chegou ao ponto de Roberto tocar nas pessoas para ver se eram "verdadeiras" ou não.

Observar que é comum a muitos pais reagirem da mesma maneira. Isso causa sofrimento às crianças e a eles próprios ao desconhecer ou negar os fatos mediúnicos que acontecem com seus filhos. Tal conduta pode trazer sérias consequências de ordem espiritual e até mesmo mental. Quando nos deparamos com casos de aparecimento de fenômenos mediúnicos em crianças, precisamos buscar orientação segura. Descartada a cura pela medicina, é o momento de recorrer à Doutrina Espírita, podendo os dois procedimentos ocorrerem simultaneamente.

Proposta 3 Data: _____ / _____ / _____

No Evangelho *– Ler as passagens que constam do Evangelho de Mateus. Propor as questões para discussão, conduzindo o diálogo conforme as sugestões.*

"Saindo dali, Jesus retirou-se para os arredores de Tiro e Sidônia. E eis que uma mulher cananeia originária daquela região, gritava: Senhor, Filho de Davi, tem piedade de mim! Minha filha está terrivelmente atormentada pelo demônio. Mas ele não lhe respondia palavra. Os discípulos se aproximaram e lhe pediam, dizendo: Manda embora, pois ela vem gritando atrás de nós. Respondendo, disse Jesus: Não fui enviado senão para as ovelhas perdidas da casa de Israel. Mas ela, chegando, prostrou-se diante dele, dizendo: Senhor, socorro! Em resposta disse ele: Não é conveniente tirar o pão dos filhos e atirá-lo aos cachorrinhos. Ela, porém disse: Certamente, Senhor; mas também os cachorrinhos comem das migalhas, que caem da mesa de seus donos. Então Jesus lhe falou: Ó mulher, grande é a tua fé! Seja feito como desejas. E desde aquela hora a filha ficou curada." (Mt, 15: 21-28)

"E quando se reuniram ao povo, achegou-se a ele um homem, que, dobrando os joelhos, suplicava: Senhor, tem piedade de meu filho! Ele é epiléptico e tem ataques tão fortes que muitas vezes chega a cair no fogo ou na água. Apresentei-o a teus discípulos mas eles não puderam curá-lo. E Jesus respondeu: Ó gente incrédula e perversa! Até quando terei de estar convosco? Até quando terei de suportar-vos? Trazei-o para cá! E Jesus o intimou e o demônio saiu, ficando o menino curado na mesma hora." (Mt, 17: 14-18)

1. O que se pode notar do comportamento desses pais?

Observar que buscaram auxílio de maneira insistente e desesperada, mesmo diante de uma autoridade como Jesus, pois já tinham tentado outros recursos.

2. É necessário o envolvimento da família para a obtenção da cura?

Notar o interesse real em sanar o caso, a importância da fé e da persistência dos entes mais próximos.

3. Qual tem sido nossa reação diante das crianças que apresentam problemas com a mediunidade/ obsessão?

Ressaltar que os pais não devem dar ênfase à situação nem desprezá-la totalmente, mas ter o equilíbrio de interferir de maneira e no momento adequados.

4. E hoje, o que podemos fazer diante de casos de obsessão em crianças?

Orientar os pais que, sendo constatada a obsessão, eles precisam conduzir a criança a um tratamento espiritual e às aulas de Evangelização Infantil. Além de introduzir a prática do Evangelho no Lar, procurar manter o equilíbrio do ambiente doméstico.

Finalização da aula

***Texto** – Ler o texto ou reproduzi-lo para distribuição.*

(...) Há crianças que revelam precocemente suas faculdades mediúnicas, mas seria errôneo querer desenvolvê-las de maneira sistemática. O que se deve dar às crianças em geral é o ensino moral do Espiritismo, preparando-as para uma vida bem orientada pelo conhecimento doutrinário, sem qualquer excitação prematura das faculdades psíquicas, que se desenvolverão no tempo devido.

Allan Kardec – *O Livro dos Médiuns*

Complementos

• **Bibliografia**

AUTORES DIVERSOS – *Evangelização Infanto-juvenil:* Intermediário A, aula 12 (As irmãs Fox / Amor à família); Intermediário B, aula 15 (Mudança de humor / A cura de um endemoninhado). São Paulo: Editora Aliança.

HENRIQUES, Agnes – *Mediunidade em Crianças*. São Paulo: Editora Martin Claret, 2001.

KARDEC, Allan – *O Livro dos Médiuns*, cap. XVIII, questão 221, item 6 e nota do tradutor. São Paulo: LAKE, 2007.

SCHUBERT, Suely Caldas – *Mediunidade e obsessão em crianças*. São Paulo: Editora Didier, 2007.

• Dicas

Os filmes:

- *O sexto sentido* (EUA, 1999) de M. Night Shyamalan, apresenta um garoto de 8 anos com dificuldades de entrosamento no colégio, que vive paralisado pelo medo das visões que tem de "gente morta".

- *Além da vida* (EUA, 2010) de Clint Eastwood, apresenta três casos de fenômenos mediúnicos, sendo um deles com crianças.

- *Chico Xavier* (Brasil, 2010) de Daniel Filho, mostra a mediunidade de Chico desde criança.

Assistência espiritual 3

"O próprio Jesus não ensinou a curar por meio de imposição de mãos?"

Edgard Armond

Passes e Radiações, Editora Aliança.

Tema / Conteúdo

Assistência espiritual – esclarecer sobre o seu funcionamento no Centro Espírita e seus objetivos, dando ênfase na assistência espiritual infantil.

Motivação Inicial

Questionamento – *Como aquecimento, fazer a pergunta a seguir.*

- O que você faz para recompor suas energias?

Após as respostas, dizer que a aula abordará uma forma de transmissão de energia.

Desenvolvimento da aula

Proposta I **Data: ___/___/_____**

Questionamento – *Propor as perguntas, ouvir atentamente as respostas e conduzir o diálogo baseando-se nas sugestões a seguir.*

1. O que é passe?

Esclarecer que passe é a transmissão de energias humanas somadas com as emanações Divinas encontráveis nos reservatórios da Natureza, agindo em favor do reequilíbrio físico e espiritual do assistido. Em muitas situações, as próprias mães, ao imporem as mãos ou ao soprarem um ferimento de seus filhos, estão inconscientemente aplicando um passe, ou seja, fazem uma doação de energia para aliviar uma dor.

2. O que podemos fazer para o passe ser mais eficaz?

Observar que durante o passe é indispensável o assistido preparar-se para receber ajuda espiritual, evitando maus pensamentos, pois os pensamentos elevados favorecem o recebimento dos fluidos benéficos. Depois do passe é recomendável o esforço da limpeza interna: esquecimento do mal, perdão das ofensas, fuga ao desânimo, cultivo da simpatia e entendimento, fazendo assim um exercício de Reforma Íntima.

3. Qual a relação entre o passe infantil e a evangelização infantil?

Explicar que o passe infantil oferece o equilíbrio físico/espiritual, tornando a criança receptiva ao aprendizado evangélico e este, por sua vez, proporcionará o despertar de suas potencialidades divinas. É a evangelização infantil que vai proporcionar as ferramentas para que a criança se torne um "homem de bem", diminuindo a necessidade de tratamento espiritual para seu equilíbrio. Alertar os pais que a criança deve ser trazida às aulas de evangelização e não somente ao tratamento de passes.

4. Qual a influência da família na eficácia do passe transmitido para a criança?

Lembrar que muitos problemas apresentados pela criança estão relacionados com o equilíbrio do lar. A criança, em tenra idade, sendo um ser bastante sensível, está mais exposta à influenciação espiritual. Não é à toa que Espíritos que compõem uma família estejam juntos, buscando o reequilíbrio e o reajuste cármico. É importante que a família procure a harmonia, a compreensão, quer seja através da prece, do Evangelho no Lar, do diálogo entre seus membros ou da afetividade. Cabe aos pais observarem com mais atenção seus comportamentos, buscando a própria melhoria através da Reforma Íntima.

5. Como é constituída a assistência espiritual?

Orientar que nas casas da Aliança Espírita Evangélica a assistência espiritual é um conjunto de atividades organizado de modo a proporcionar reequilíbrio espiritual à coletividade que busca o Centro Espírita, constando de: recepção, entrevista, encaminhamento, passe de limpeza, preleção e os passes propriamente ditos. Os adultos recebem o P1 e o P3A (equilíbrio físico); o CH e o P3B (equilíbrio espiritual) e o P2 (equilíbrio físico e espiritual). As crianças recebem o P4A (físico) ou o P4B (espiritual).

Obs.: P é a abreviação do passe denominado **Pasteur; CH** é a abreviação do passe denominado **Choque Anímico**.

Proposta 2 Data: ____/____/______

No Evangelho *– Ler as curas realizadas por Jesus, que constam do Evangelho de Marcos e de João.*

Cura da hemorroíssa – Marcos, 5:25-34

Ora, certa mulher que havia doze anos tinha um fluxo de sangue e que muito sofrera nas mãos de vários médicos, tendo gasto tudo o que possuía sem nenhum resultado, mas cada vez piorando mais, tinha ouvido falar de Jesus. Aproximou-se dele, por detrás, no meio da multidão, e tocou-lhe a roupa. Porque dizia: "Se ao menos tocar as suas roupas, serei salva". E logo estancou a hemorragia. E ela sentiu no corpo que estava curada de sua enfermidade. Imediatamente, Jesus, tendo consciência da força que dele saíra, voltou-se para a multidão e disse: "Quem tocou minhas roupas?" Os discípulos disseram-lhe: "Estás vendo a multidão que te comprime e perguntas 'Quem me tocou?' " Jesus olhava em torno de si para ver quem havia feito aquilo. Então a mulher, amedrontada e trêmula, sabendo o que lhe tinha sucedido, foi e caiu-lhe aos pés e contou-lhe toda a verdade. E ele disse a ela: "Minha filha, a tua fé te salvou; vai em paz e estejas curada desse teu mal".

Cura do paralítico da piscina – João, 5:5-14

Encontrava-se aí um homem, doente havia trinta e oito anos. Jesus, vendo-o deitado e sabendo que já estava assim havia muito tempo, perguntou-lhe: "Queres ficar curado?" Respondeu-lhe o enfermo: "Senhor, não tenho quem me jogue na piscina, quando a água é agitada; ao chegar, outro já desceu antes de mim". Disse-lhe Jesus: "Levanta-te, toma o teu leito e anda!" Imediatamente o homem ficou curado. Tomou o seu leito e se pôs a andar. Ora, esse dia era um sábado. Os judeus, por isso, disseram ao homem curado: "É sábado e não te é permitido carregar teu leito". Ele respondeu: "Aquele que me curou disse: Toma teu leito e anda!' " Eles perguntaram: "Quem foi o homem que disse: 'Toma teu leito e anda'?" Mas o homem curado não sabia quem fora. Jesus havia desaparecido, pois havia uma multidão naquele lugar. Depois disso, Jesus o encontrou no Templo e lhe disse: "Eis que estás curado; não peques mais, para que não te suceda algo ainda pior!"

Perguntar aos participantes: Após a cura, quais as orientações dadas por Jesus aos doentes?

Ouvir atentamente as respostas e concluir que nesses dois exemplos de cura pode-se observar elementos importantes na assistência espiritual para que o assistido obtenha a cura: a fé e a mudança de atitude.

Proposta 3 Data: ____/____/______

Texto *– Distribuir cada uma das partes do texto aos participantes. Fazer as perguntas, uma por vez, e pedir que aquele que estiver com a resposta a leia em voz alta. Comentar, se necessário. Observar que a resposta da pergunta 1 está na 1ª parte do texto; a da pergunta 2, na 2ª parte e assim sucessivamente.*

Na casa espírita o passe é aplicado como reposição e reequilíbrio de energias.

Para os adultos os passes se dividem em:

Espirituais: CH, P3B Misto: P2 Físicos: P1, P3A

Para as crianças temos o espiritual: P4B e o físico: P4A. A criança senta no centro de uma roda e um passista aplica o passe colocando as mãos sobre os chacras, sem que haja contato físico entre o passista e o assistido. Normalmente, o passista para a infância é escolhido para tal de acordo com sua sintonia espiritual. A duração do passe gira em torno de um minuto.

Nenhum centro espírita pode prometer a cura física ou espiritual, pois nem Jesus pôde curar a todos. Tudo depende da receptividade do "doente".

Curamos sempre em nome de Jesus. O médium/passista não cura sem o auxílio ou sustentação da corrente de encarnados e desencarnados.

O atendimento na casa espírita não dispensa o tratamento médico, psicológico, ou de outras terapias médicas conforme o caso. Não praticamos medicina ilegal. Não medicamos. Não prescrevemos receitas. Acreditamos na força do nosso pensamento, sentimentos e que somos capazes de movimentar energias positivas que vão auxiliar aqueles que nos procuram.

A assistência espiritual também não dispensa as aulas de evangelização tanto para a infância como para os adultos.

Podemos e devemos aproveitar o ambiente da casa espírita que é apropriado ao nosso refazimento energético.

Podemos desfrutar de um clima amistoso, sem ameaças, tranquilo, que certamente nos trará benefícios. Ou simplesmente podemos encarar este tempo na casa espírita como uma pausa na nossa atribulação, agitação diária. Tempo que pode ser usado para uma meditação, uma comunicação telepática com a espiritualidade ou mera busca interior às nossas aflições e dúvidas. Existe uma barreira invisível aos nossos olhos que protege o ambiente garantindo que todos possam sair bem melhores do que quando chegaram ao centro.

A criança é bem mais receptiva ao passe. Raramente se assusta, pois sente diretamente em seu perispírito e campo mental os fluídos mais refinados que vêm da espiritualidade, dando-lhe sustentação.

O passe é semanal e a manutenção do equilíbrio durante a semana deve ser feita através da prece individual, do Evangelho no Lar, da prece junto à criança antes do sono, pedindo proteção, ou nos momentos em que sentir necessidade.

O passe não resolve tudo, mas é um instrumento a ser utilizado pelos que nele creem.

Psicografado por Beth em 13.09.2007

Perguntas:

1. Para que serve o passe?
2. Em quais categorias se dividem os passes?
3. Receber o passe garante a cura?
4. Os passes substituem algum tipo de tratamento?
5. Por que o Centro Espírita é o local mais adequado para o recebimento dos passes?
6. Como as crianças encaram o passe?
7. Como manter a eficácia do passe?

Finalização da aula

Texto – *Ler o texto a seguir ou reproduzi-lo para distribuição.*

A assistência espiritual praticada em vossas casas é o portão de entrada a um novo mundo de conhecimento e forma de enxergar a vida e os problemas com mais tolerância e compreensão, de si e dos outros. A assistência espiritual irá trazer uma fonte de energia que fará com que possam, a partir dela, buscar melhorar por si mesmos. É como um copo de energia, mas que não poderemos tomá-lo para sempre, e sim teremos que usá-lo somente por algum tempo e após isso começaremos a buscar a nossa própria energia, nos tornando um dia a fonte para que os outros que estão como nós, fracos e desanimados, possam ter a oportunidade de crescer também e assim se formará um ciclo constante de ajuda mútua.

Psicografado por Marissol em 13.09.2007

Complementos

- **Bibliografia**

ARMOND, Edgard – *Passes e Radiações*. São Paulo: Editora Aliança, 1999.

AUTORES DIVERSOS – *Curso de Preparação para Evangelizador Infanto-juvenil,* cap. 12 "Atividades paralelas às aulas de moral cristã". São Paulo: Editora Aliança, 2005.

AUTORES DIVERSOS – *Iniciação Espírita,* cap. 35. São Paulo: Editora Aliança, 2003.

KARDEC, Allan – *O Livro dos Médiuns,* item 175. São Paulo: LAKE, 2007.

KARDEC, Allan – *A Gênese,* cap. XV, itens 11 e 22. São Paulo: LAKE, 1999.

- **Dicas**

Na Aliança Espírita Evangélica utilizamos os passes padronizados, propostos no livro Passes e Radiações, Editora Aliança, de Edgard Armond. Esse livro foi produzido para unificar as práticas espirituais conforme debatido no congresso de Unificação em 1947.

Relacionamento familiar

Brinquedos e brincadeiras 4

"... Segundo Joseph Lee: Recreação não é simplesmente uma coisa de que a criança gosta, mas algo de que precisa para crescer. É mais do que parte essencial de sua educação, é parte essencial da lei do crescimento, do progresso através do qual ela se torna adulta."

Autores Diversos
Curso de Preparação para Evangelizador Infanto-juvenil, cap. 11,
Editora Aliança.

Tema / Conteúdo

Brinquedos e brincadeiras – demonstrar a importância da brincadeira no desenvolvimento infantil.

Motivação inicial

Brincadeira – *Propor uma das brincadeiras a seguir aos participantes. Ao final, perguntar: Para que serve esta brincadeira?*

a) Passa-anel – (coordenação motora, atenção, imaginação, criatividade).
b) Cama de gato – (coordenação motora, atenção, paciência).

Desenvolvimento da aula

Proposta I **Data: ___ / ___ / _____**

Questionamento *– Fazer as perguntas a seguir e conduzir o diálogo conforme as sugestões.*

1. Brincar de: casinha, amarelinha, corda, bola de gude, cabo de guerra. No que estas e outras brincadeiras contribuem para o desenvolvimento da criança?

Observar que brincadeira não é só entretenimento, mas auxilia no desenvolvimento cognitivo, físico, nas relações sociais, na elaboração e internalização dos sentimentos e das emoções, desenvolvendo um sentido próprio de moral e de justiça. Ou seja, é através da brincadeira que a criança amadurece e se insere no mundo adulto. A seguir, alguns pontos trabalhados nas brincadeiras citadas:

- Amarelinha: Equilíbrio, agilidade, mira.

- Cabo de guerra: Agilidade, condicionamento físico, cooperação, coordenação motora, força, resistência, socialização.

- Pular corda: Agilidade, condicionamento físico, cooperação, memória, sequência, lateralidade, socialização.

- Casinha: Linguagem, criatividade, cooperação, imaginação, forma de repassar e reforçar valores aprendidos dentro de casa.

- Bola de gude: Mira, coordenação motora, agilidade.

2. Uma criança de 4 ou 5 anos está na praia e se agarra à mãe, chorando, dizendo que não tem nada para brincar. O que pode causar este comportamento?

Ressaltar que apesar de a brincadeira ser uma atividade natural da criança, está muito associada ao seu tipo de vivência, ou seja, a criança parte daquilo que já viu, ouviu, viveu, pessoalmente, ou por imitação, ou através de um filme, de uma história, para construir seu repertório de brincadeiras. Ao brincar, as crianças recriam e repensam os acontecimentos que lhes deram origem, sabendo que estão brincando.

3. No que os pais podem contribuir para proporcionar momentos de brincadeira saudável?

Notar que é o adulto que oferece objetos, brinquedos ou jogos, e que delimita os espaços e o tempo para brincar. Determinadas brincadeiras exigem tempo, fazem sujeira, "dão trabalho" para o adulto e é importante que este, em função de seu próprio conforto, não restrinja as possibilidades de brincar da criança. Por exemplo, para não se sujar, não pode brincar com barro, com tinta guache; ou para não desorganizar o ambiente, não deve espalhar brinquedos, construir cabanas... Além de estar presente e de participar da brincadeira com a criança, o adulto deve ensiná-la a guardar, a arrumar e a limpar tudo o que foi utilizado.

A segurança é um aspecto que também deve ser levado em consideração. O adulto deve observar, de acordo com a idade da criança, as condições necessárias para que a brincadeira não ofereça perigo.

4. Brinquedo e brincadeira são sinônimos? Qual a importância dos brinquedos?

Salientar a diferença entre brinquedo (objeto que serve como meio para uma determinada brincadeira) e brincadeira (atividade espontânea e imaginativa na qual a criança recria e estabiliza as suas vivências e que nem sempre necessita de um brinquedo). O brinquedo é importante na medida em que favorece o brincar. Neste sentido, brinquedo bom não precisa ser o industrializado, ou o mais caro. Às vezes, sucata, pedras, pedaços de madeira, areia, panelas, lãs, retalhos de tecido, papéis, servem perfeitamente para desenvolver uma brincadeira. Cuidado com o consumismo exacerbado, que substitui o ser pelo ter e que não auxilia em nada o desenvolvimento do Espírito em evolução.

Outro aspecto do consumo de brinquedos diz respeito à faixa etária. Muitos adultos compram brinquedos inadequados para as crianças e até se espantam porque elas não sabem cuidar deles, como por exemplo, o pai que compra um computador para o filho de 4 anos.

Finalização da aula

Brincadeira *– Propor aos participantes que escolham uma brincadeira para fazerem no grupo. Por exemplo, mímica, stop, adivinhas, etc.*

Complementos

- **Bibliografia**

FRIEDMANN, Adriana – *Brincar: crescer e aprender*, Editora Moderna, 1996.

SECRETARIA DE EDUCAÇÃO FUNDAMENTAL – *Referencial Curricular Nacional para a educação infantil*, Brasília: MEC / SEF, 1998.

• **Dicas**

1. Fazer um levantamento das brincadeiras "de antigamente", conhecidas dos participantes e propor um dia especial na Evangelização Infantil, em que os adultos ensinarão às crianças como se faz essas brincadeiras.

2. Orientar os pais sobre a adequação dos brinquedos, conforme a faixa etária.

SUGESTÃO DE BRINQUEDOS DE ACORDO COM A IDADE

Brinquedos para recém-nascidos até 1 mês e ½

O bebê ainda não consegue segurar objetos intencionalmente. Só por reflexos. Nesta fase é importante estimular os sentidos cantando, abraçando e acariciando o bebê. Exagere nas fisionomias, bem próximo ao rosto da criança. Demonstre alegria e satisfação.

Brinquedos para crianças de 2 a 4 meses

Nesta fase o bebê passa do estado de quase inércia para as primeiras reações intencionais. Ele diverte-se quando é levado ao alto e gosta, ainda, de fixar o olhar em objetos atraentes e coloridos.

Sugestões de brinquedos:

- Brinquedos com texturas e formatos de fácil manipulação
- Móbiles
- Brinquedos que emitam sons (com guizos em seu interior, por exemplo)

Brinquedos para crianças de 5 a 7 meses

A criança já consegue ficar mais tempo fixando um objeto. Volta-se para a direção de onde vem algum som. O bebê já emite alguns ruídos com o intuito de chamar atenção. Aos 7 meses já atende se for chamado pelo nome.

Sugestões de brinquedos:

- Tapetes de atividades com sons e espelho, pois aqui o bebê já é capaz de se reconhecer
- Brinquedos que emitam sons

Brinquedos para crianças de 8 a 10 meses

A criança já pode interagir com jogos simples e buscar por algum objeto de desejo. Gosta de bichinhos de pelúcia e bonecos. Livros plásticos para o banho também são uma ótima pedida. Tudo muito colorido.

Sugestões de brinquedos:

- Livrinhos de banho
- Jogos de interação do tipo que se aperta algum botão e há emissão de som
- Bichos de pelúcia e bonecos

Brinquedos para crianças de 11 meses a 1 ano

A linguagem está em pleno desenvolvimento. Já consegue concentrar-se por um pequeno período de tempo ouvindo uma história. Repete tudo o que escuta. Gosta de reproduzir as palavras que aprendeu com o telefone ao ouvido. Quando consegue equilibrar-se bem, a bola também é um elemento inseparável.

Sugestões de brinquedos:

- Livros com grandes figuras e pouco texto que retratem objetos de seu dia a dia: mamãe, papai, carro, mamadeira, etc.
- Livros com fotos ou desenhos de bichinhos
- Telefones
- Bolas

Brinquedos para crianças de 1 ano a 1 ano e ½

Nesta fase, imita sons e reconhece objetos. Adora brincar de espalhar e guardar tudo. Claro que a seu modo.

Sugestões de brinquedos:

- Caixote com objetos de formas geométricas. Cubos, círculos e triângulos de plástico ou feltro
- Potes e tampas
- Panelinhas

Brinquedos para crianças de 1 ano e ½ a 2 anos

A criança já reconhece algumas cores e formas. Sabe procurar e encontrar objetos que guardou. Gosta de brinquedos que possa empurrar, puxar, encaixar e explorar com os dedos. Adora tentar descobrir como as coisas funcionam.

Sugestões de brinquedos:

- Brinquedos de montar
- Bichinhos de plástico
- Cubos com formas vazadas para encaixar peças similares
- Carrinhos e caminhões
- Chaves

Brinquedos para crianças de 2 anos a 2 anos ½

Após os 2 anos a criança começa a descobrir o prazer em brincar com o outro. O egocentrismo começa a sair de cena e então começa o processo de socialização. Até os 2 anos e ½ a criança assimila centenas de palavras em pouco tempo. Já é capaz de construir frases simples e completas. Reconhece cores e formas. Compreende perfeitamente o significado da palavra "NÃO". Classifica formas, cores e espessuras.

Sugestões de brinquedos:

- Blocos lógicos - encontrados em lojas de brinquedos educativos. Possui quadrados, círculos, triângulos e retângulos nas cores primárias, com diferentes tamanhos e espessuras
- Blocos de madeira com diferentes formas e tamanhos para fazer torres e pequenas construções.

Brinquedos para crianças de 3 anos

Nesta fase, papais e mamães precisam ter bastante disponibilidade para responder a todos os questionamentos da criança. - Como? Quando? E a preferida: Por quê? - Apesar da linguagem ainda estar em desenvolvimento, seu vocabulário já é bastante extenso. Consegue comunicar-se com perfeição.

Sua coordenação fina está mais segura. É nesta fase que a lateralidade (destra ou canhota) normalmente se define.

Sugestões de brinquedos:

- Cubos de tecido, onde cada lado existe um treino motor como zíperes, botões e ganchos para abrir e fechar.
- Cubos com tamanhos decrescentes e que encaixam-se um dentro do outro, para serem empilhados.

Brinquedos para crianças de 4 anos

Agora a criança apresenta maior coordenação global e consequentemente coordenação fina. Começa a se interessar por brincadeiras coletivas e demonstra maior equilíbrio.

Sugestões de brinquedos:

- Jogos em equipe com uso de bola e bastões
- Bicicleta
- Trabalhos manuais, com tesoura de ponta redonda e sob supervisão de adultos

Brinquedos para crianças de 5 anos

É capaz de realizar trabalhos esteticamente bonitos. A gama de opções cresce bastante. Torna-se mais sociável, descobrindo o prazer de brincar em grupo.

Sugestões de brinquedos:

- Modelagem em massinha, argila ou gesso
- Canetas e caderno de desenho

- Quebra-cabeças
- Pular corda
- Jogos coletivos com regras e objetivos mais elaborados

Brinquedos para crianças de 6 anos

A criança já é capaz de realizar sozinha diversas tarefas: troca-se, escova os dentes, dá laço em tênis. Bastante independente, já conhece a função de cada objeto. Surge um interesse maior por jogos eletrônicos e computador. Há bastante polêmica neste sentido, mas é preciso saber dosar, pois são tecnologias que fazem parte do nosso cotidiano moderno, e também muito ricas para o desenvolvimento de raciocínio e estratégia. É preciso, no entanto, impor limite no uso deles e também serem criteriosos em sua escolha, provendo aspectos educativos.

Sugestões de brinquedos:

- Jogos eletrônicos
- Jogos em computador
- Bonecos e bonecas
- Palavras cruzadas
- Jogos com figuras e letras que representem a letra inicial do objeto

Brinquedos para crianças de 7 a 9 anos

O raciocínio lógico pode ser usado quase em sua totalidade, permitindo o trabalho com jogos de estratégias simples.

Sugestões de brinquedos:

- Jogo da velha
- Jogo de damas
- Trilha

Brinquedos para crianças de 10 a 12 anos

O pensamento lógico está desenvolvido em sua plenitude, pode-se usar jogos mais complexos e estratégias que necessitem de abstração.

Sugestões de brinquedos:

- Batalha naval
- Jogos de tabuleiro que forcem cálculos, previsões, custos e lucros
- Jogos de conhecimento geral com perguntas e respostas das mais diversas áreas de conhecimento.

Karen Kaufmann Sacchetto

Comunicação e linguagem na família 5

"Quando falamos, não estamos simplesmente transmitindo uma ideia, um pensamento, mas principalmente um sentimento."

Ubiraci de Souza Leal
Um só caminho, Editora Aliança.

Tema / Conteúdo

Comunicação/linguagem – dialogar sobre a influência da comunicação no ambiente familiar.

Motivação Inicial

Brincadeira do telefone sem fio – *Propor frases do dia a dia, como, por exemplo, a seguinte:*

A mulher pede ao marido que, depois do trabalho, passe no mercado para comprar algo para o jantar, pegue as crianças na escola e não se esqueça de abastecer o seu carro.

Verificar se a mensagem chegou até o último participante sem alterações.

Desenvolvimento da aula

Proposta I **Data: _____ / _____ / ______**

Questionamento *– Propor as seguintes questões e ouvir atentamente as respostas. Conduzir o diálogo, baseando-se nos textos a seguir.*

1. Como você fala com seus filhos quando eles fazem algo que lhe desagrada? E como eles reagem?

2. Como você se sentiria se fosse advertido da seguinte forma: "Você é preguiçoso, não levanta nunca no horário".

3. O que pode acontecer a uma criança devido à comunicação inadequada usada para corrigir um comportamento, como na situação descrita anteriormente?

4. Você acha justo pedir a alguém que fale baixo, gritando?

5. Como é possível a comunicação entre pessoas com vocabulário específico a determinados grupos?

6. Qual a importância da linguagem não verbal?

A importância do diálogo

É importante falar com nossos filhos de forma calma,
controlando o tom de voz, controlando nossos impulsos, porque
1 através das palavras, se bem colocadas, e através da altura de nossa
voz, passamos firmeza, segurança, confiança, amorosidade, ou
então, ao contrário, falta de equilíbrio, insegurança, ira, etc.

Quando estamos irritadiços com nossos filhos, por algo que nos desagradou, devemos parar por alguns instantes.

Estes momentos ajudam-nos a controlar os impulsos, diminuem a irritação, acalmam o coração e assim nossas palavras poderão ser assertivas. As crianças reagem a tudo isto imediatamente. Se estivermos irritados, elas também ficam; além de assustadas, muitas vezes sentem-se acuadas, com medo de expressarem suas emoções e suas justificativas. Desta maneira, onde vocês acham que se encontra o diálogo?

Claro que desta forma o diálogo não ocorre. Primeiramente a corrigenda é nossa, depois é que teremos condições de corrigir nossos filhos. Aí, sim, há grandes possibilidades de termos diálogo, criarmos o hábito positivo de nossos filhos sentirem-se bem ao conversarem conosco. Porque podem sentir que são sempre compreendidos e amados, mesmo que tenham cometido algo errado. Então, a criança e o jovem necessitam sempre serem compreendidos, amparados, aceitos e amados por nós, pais.

É também muito importante que os pais conheçam um pouco sobre as fases de desenvolvimento das crianças, o que se pode esperar delas, de acordo com a idade cronológica, e comportamentos dentro da sua maturidade neurológica. Estas informações ajudam na compreensão de dificuldades, que por ventura possam ocorrer, comuns em determinadas fases.

2 Ao tentarmos corrigir um comportamento inadequado de uma criança, muitas vezes, ao invés de extingui-lo, acabamos por reforçá-lo ainda mais. Este fato é considerado devido à comunicação, ou seja, o que se passa em palavras, se negativas ou positivas. Quando os pais ficam sempre "lembrando" os filhos de algo que fizeram de "errado", acabam reforçando novamente esta situação. A maneira mais adequada neste caso ao corrigir um comportamento, é conversar, impor regras, limites a serem respeitados, expor as consequências que terão, e predispor-se a ajudá-los nestas dificuldades. Uma vez dito tudo

o que se considera importante no contexto, não falar mais sobre o que aconteceu, muito menos, comunicar a qualquer pessoa que seja. Caso o comportamento se repita, lembrar as regras, e tudo novamente, até que se estabeleça a modificação.

Neste aspecto, Emmanuel nos traz luz quando expõe:

"(...) todo bom exemplo, toda boa palavra, toda corrigenda sincera, todo diálogo, toda energia, todo carinho, toda disciplina e todo amor, jamais se perderão".

3 Os pais têm que ter cuidado quanto aos rótulos que, muitas vezes sem que percebam, acabam colocando. Vejamos alguns exemplos muito comuns:

— Você é desajeitado mesmo, sempre quebra as coisas, derruba tudo!

— Você é preguiçoso, não levanta nunca no horário, não faz nada direito!

— Parece que não aprende, não vai querer ser burro, né?

E muitos outros. Todos, certamente terão muitos exemplos a contar. Claro que não se faz com más intenções, porém é importante esclarecer que prejudicam, e muito, a autoestima da criança. Ao ouvir isso repetidas vezes, ela se considera então, burra, preguiçosa, desajeitada, etc. Isto influenciará em sua vida, porque sua autoimagem ficará afetada. Ela se apresentará no grupo de amigos ao qual faz ou fará parte, com este olhar de si mesma, como alguém que não consegue realizar algumas tarefas, ou porque é burra, ou porque é desajeitada... e assim sucessivamente. Vejam então a importância da comunicação, e da linguagem que temos com nossos filhos!

Se olharmos para eles com esperanças, com amor, com fé que crescerão fortes, seguros, felizes, amados e que terão sucesso em suas vidas, certamente sentirão nossas vibrações com tanta intensidade que a sua autoestima será elevada, sem que deixem de olhar para as dificuldades pessoais, que todos nós temos. Porém, num trabalho de ajuda, com compreensão e amor, respeito e admiração, todos conseguirão vencer!

Portanto, o que vivemos até hoje em nossos lares, com arestas a aparar em nós, servirá como experiência em nossas vidas. Muitas vezes gritamos, perdemos o controle, mas, o importante é que, a partir de agora procuremos nos corrigir, nos aproximar de nossos filhos com este objetivo claro e com o coração sincero em dialogar com eles. Daremos então, a oportunidade também para nós mesmos!

Elaborado por Izabel, em 25.09.2007

A busca de uma linguagem diferenciada

4 Aqui, queridos pais, gostaria de lhes lembrar do exemplo que diz muito mais que várias palavras.

Quantas vezes nos "distraímos" e chegamos em casa "nervosos", dizendo "expressões" e "algumas palavras" que, se ouvíssemos as crianças dizerem, provocariam grandes reprimendas!

Quantas vezes elevamos a voz, bem mais que o normal, quando nos dirigimos a elas ou ainda por não prestarmos a devida atenção? E quando gritamos muito mais alto que elas ao tentarmos corrigi-las?

É, queridos, aí estão várias situações que analisadas friamente por nós, estaremos incluídos nelas.

Essa é a 1ª e a maior dificuldade: a de um pai querer ensinar a seu filho atitudes que ele mesmo não consegue ter. Você acha justo pedir a alguém que fale baixo, gritando? Que não diga expressões sarcásticas ou palavras de baixo calão quando muitas vezes ele as escutou em nossas próprias vozes?

É muito delicado esse problema da comunicação entre pais e filhos. Como queremos que nosso filho tenha vontade de falar conosco, se só sabemos apontar-lhe defeitos e nossas insatisfações?

Quero lhes pedir que antes de uma conversa, seja ela amena ou mais séria, tenhamos um momento de pausa para podermos dirigir melhor a comunicação.

5 Sei que agora alguns de nossos filhos pertencem a "tribos" e têm uma linguagem diferenciada. Que tal aprendermos alguns termos e assim, aos poucos, irmos entrando no mundo deles?

6 Gostaria de lhes dizer também como o amor demonstrado e exercitado dentro de casa com abraços, beijos, carinhos, mesmo nos " marmanjos" é uma forma muito importante de linguagem corporal e comunicação verbal na forma de "querido" e outras palavras que expressam nossa afeição em vez de gritos ou reprimendas. Experimente a "reprimenda" com amor .

Psicografado por Marisilda em 26.08.2010

Proposta 2 Data: _____ / _____ / ________

Questionamento *– Fazer as perguntas a seguir e conduzir o diálogo conforme as sugestões.*

1. Você se lembra de algum programa de TV que assistiu na infância? Qual?

Ressaltar que muitos programas de TV ou de rádio, músicas e propagandas despertam sentimentos e recordações, sendo por isso, marcantes.

2. Qual a influência dos meios de comunicação sobre as crianças?

Observar que as crianças e os jovens são as pessoas mais atingidas por este poder de influência, e neste ponto, é preciso muito cuidado porque o tempo que as crianças ficam em frente a este estímulo visual é geralmente muito grande, e isto com certeza, influencia no seu processo de educação. Ela ainda não tem maturidade, discernimento, noção de causa e consequência para avaliar tudo o que lhe é transmitido. O uso controlado da televisão e outras mídias, mais o cuidado dos pais em selecionar a programação, contribuem de forma positiva. A informação é instrutiva em alguns programas específicos sobre saúde, educação, cultura, lazer, arte, enfim, fornece elementos sociais importantes para a educação desta criança.

3. Qual a responsabilidade dos pais em relação ao contato de seus filhos com esses meios de comunicação?

Orientar que, quando há um relaxamento por parte dos pais, em não selecionar programas, não limitar horários quanto ao uso da TV, computadores, games, e essa criança fica sozinha, por horas, quieta, passiva, sem um adulto ao lado que lhe mostre o que há de negativo em algumas cenas, ela poderá registrar tudo de maneira errônea e, quando oportuno, pode imitar determinadas situações de violência, agressividade ou ter seu interesse sexual despertado precocemente. Há programas que incentivam o desentendimento familiar, as ambições negativas de conseguir algo a qualquer preço, o sexo sem amor, sem responsabilidade, o crime e a impunidade. Totalmente contrários ao que aprendemos no Evangelho de Jesus!

Não podemos isolar nossos filhos do contato com as coisas do mundo moderno. O importante não é fugir delas, mas sim prepará-los para a convivência com o mundo exterior e com o próprio mundo íntimo.

Proposta 3 **Data : _____ /_____ / _____**

Dinâmica e questionamento – *Propor aos participantes que fiquem 1 minuto sem falar, em completo silêncio. Em seguida, ler o texto.*

Atentemos para a forte tendência de banalização da palavra. Como é difícil calar quando não há o que dizer! Parece que a mente humana está obrigada a preencher todo o tempo disponível com palavras. Que desperdício!

Como decorrência, o conteúdo dos diálogos se esvazia e o uso do bom vocabulário torna-se mais raro. Com menos opções, a comunicação torna-se imprecisa, dando lugar a desentendimentos, desavenças, confrontos que podem gerar guerras e destruição.

Mentalizemos um cenário social onde a palavra tenha valor. Mais qualidade, menos quantidade. O olhar e o gesto nobre também seriam valorizados. Cada ser humano ouviria mais e melhor, percebendo nas nuances da voz, as mensagens da alma.

O tema da Escola de Aprendizes do Evangelho que propõe "Falar pouco e certo é dizer muito em poucas palavras" é exercício para todos os dias.

As escolas de iniciação possuem regras de silêncio, diferentes na forma, porém semelhantes na finalidade educativa dos iniciados.

Estes são convocados a desenvolver a força da palavra pela sua contenção.

Em escala doméstica, vejamos os filhos como almas em preparação para o domínio do mundo íntimo. A educação da palavra constitui-se em excelente exercício para quem busca melhores formas de amar e servir com o Cristo, durante toda a vida.

Psicografado por Eduardo em 29.07.2010

Propor as perguntas a seguir para breve discussão :

1. Que tipos de palavras (vocabulário) usamos em casa?
2. "Como é difícil calar quando não há o que dizer!" Que situações já pudemos vivenciar sobre isso?

Finalização da aula (da proposta 3)

Essência – *Distribuir o texto a seguir e pedir que tirem as palavras supérfluas, ficando só o essencial.*

> Jesus, que é nosso irmão maior e filho de Deus, como nós, ensinou-nos que devemos amar, mas amar sinceramente, do fundo do nosso coração, o próximo, incluindo todas as pessoas, sejam amigos, parentes, conhecidos e até mesmo os desafetos, como amamos a nós mesmos, sempre valorizando suas virtudes, ajudando, cuidando, praticando a verdadeira caridade e perdoando seus erros, para assim também termos nossos erros amenizados e nos melhorarmos na medida em que colaboramos para a melhoria de todos.

Gabarito: Jesus ensinou-nos que devemos amar o próximo como amamos a nós mesmos.

Proposta 4 Data : ____ / ____ / ______

No Evangelho *– Ler a passagem que consta em Mateus, 5 :37 :* 'Mas a vossa palavra seja sim, se for sim; não, se for não. Tudo o que passar disso, vem do mal.

A seguir, propor as questões e conduzir o diálogo, baseando-se nas sugestões.

1. Que interpretação você faz dessa passagem do Evangelho ?

Observar que aquele que tem pureza no coração, transmite sinceridade nas palavras e se impõe pela sua superioridade, sem necessidade de artifícios. Por outro lado, aquele cujas palavras traduzem falsidade, provocará dúvidas e desconfiança nos semelhantes, mesmo que jure por todos os "santos" da criação. Estas palavras do Mestre nos conduzem à prática da lealdade e da sinceridade, a qual deve ser uma das preocupações constantes de todo aprendiz do Evangelho.

2. Como ela pode ser aplicada nas relações familiares ?

Ressaltar que a sinceridade não é sinônimo de inflexibilidade. A sinceridade produz confiança, sendo assim, a base da autoridade.

Proposta 5 Data : _____ / _____ / _______

História *– Contar a história "Cobras e lagartos" do livro Evangelização Infanto-juvenil – Jardim C. Fazer as seguintes perguntas e conduzir o diálogo, baseando-se nas sugestões.*

1. Na história que ouvimos, as cobras e lagartos são somente simbólicas, expressando uma maneira de dizer ?

Apresentar um esclarecimento sobre formas-pensamento. "O pensamento e a vontade são forças do Espírito que agem sobre o meio ambiente dando forma e propriedade à matéria e interagem com outros Espíritos encarnados ou desencarnados.

O pensamento não é força de aspecto e natureza apenas subjetiva; é realidade objetiva pois, partindo do Espírito, provoca alterações vibratórias na matéria, dando-lhe forma, movimento, cor e, provavelmente, som. "

2. Como posso melhorar minha forma de comunicação ?

Salientar que a nossa conversação está intimamente ligada a nossos pensamentos. Tendo pensamentos positivos, buscando pontos positivos nas pessoas e nas situações, teremos condições de melhorar a comunicação.

3. Quais as consequências morais na utilização de palavras de baixo calão e do uso da maledicência ?

Ressaltar que ao comentar "o lado menos feliz de um companheiro de trabalho, estaremos descarregando sobre ele cargas maciças de forças negativas que, conforme o seu estado espiritual, poderão prejudicá-lo enormemente. Assim lembramos e valorizamos os ensinamentos de André Luiz: 'O mal não merece comentário em tempo algum' e 'Comentar o mal é dar forças a ele.'"

4. Como interpretar a frase de Jesus "ao pensardes em cometer o erro, já o cometeste" ?

Observar que por meio dela refletimos e "conhecemos as responsabilidades que contraímos ao falarmos ou mesmo pensarmos em algo. "

Finalização da aula

Prece pela comunicação – *Começar uma prece, agradecendo ou pedindo, por uma boa comunicação. Pedir que cada participante dê a sua contribuição. Por exemplo:*

Obrigado pela fala, por poder ouvir, por ter com quem conversar, pelo silêncio, pelo diálogo, pelo entendimento, pelas palavras sinceras...

Complementos

- **Bibliografia**

AUTORES DIVERSOS – *Evangelização Infanto-juvenil:* Jardim C, aula 35 (Cobras e lagartos); Primário B, aula 34 (Na escola); Intermediário A, aula 24 (Olhando pela janela). São Paulo: Editora Aliança.

AUTORES DIVERSOS – *Iniciação Espírita,* cap. 12 (Interpretação do Sermão do Monte II), item 4 e cap. 31 (O pensamento e a vontade como forças), itens 2 e 6. São Paulo: Editora Aliança, 2003.

• Dicas

1. Música – *O som do silêncio,* letra de Jerônimo Carlos e música de Júlio Barbosa, Grupo Interação. CD Emoção de servir. www.geocities.com/grupointera

2. A música *Se eu quiser falar com Deus* (1980) de Gilberto Gil demonstra condições para entrarmos em comunicação com o Pai.

3. O dirigente poderá aprofundar a informação sobre formas-pensamento no livro *Pensamento e vontade,* de Ernesto Bozzano.

Divergência na educação dos filhos 6

"Felizes os que trabalham pela paz entre as pessoas, pois Deus os tratará como seus filhos."

Mateus, 5:9

Tema / Conteúdo

Divergência na educação dos filhos – refletir com os pais sobre a responsabilidade do casal na orientação dos filhos, apesar de diferenças de opiniões.

Motivação Inicial

Questionamento – *Fazer a pergunta e ouvir atentamente as respostas dos participantes.*

• Você contrataria um advogado para resolver se permite ou não que seu filho faça algo?

Desenvolvimento da aula

Proposta 1 **Data: _____ / _____ / ________**

Casos – *Após as respostas da motivação, apresentar os seguintes casos para que os participantes sejam mediadores.*

Caso 1

Um pai quer que o filho siga a mesma orientação religiosa que ele, mas a mãe não concorda, exigindo que seja a dela.

Observar que é muito importante que pai e mãe atuem juntos na educação dos filhos, mas não precisam pensar do mesmo modo, uma vez que são individualidades diferentes, com vivências diferentes. É necessário perceber se o que ambos buscam não é simplesmente a disputa de poder de cada um em determinar os rumos na educação dos filhos. Os pais devem conversar sobre pontos que consideram essenciais, reconhecendo a importância da participação dos dois na educação dos filhos e ter, por parte de ambos, disponibilidade para ceder e mudar.

Caso 2

O filho pede para ir a uma festa. A mãe permite e o pai, não.

Ressaltar que, embora existam controvérsias de opiniões, cabe aos pais o controle para que a convivência familiar e o relacionamento amoroso mantenham-se estáveis. O filho, em geral bem esperto, logo percebe as discordâncias entre os pais e procura tirar vantagem da situação, de acordo com seus interesses. Se os pais divergem na frente dos filhos, mas fazem isso de forma ponderada, apontando as razões que levam à discórdia e justificando objetivamente seu ponto de vista, o filho aceita a decisão naturalmente. Se os pais brigam, mostrando-se inflexíveis, disputando a liderança da família, a criança fica angustiada, insegura, impotente diante da situação. Antes de tudo, os pais necessitam agir com coerência, transmitindo mensagens, ordens e cobranças de maneira coerente. Por isso é importante que o "bonzinho" e o "durão" cheguem a um acordo antes de tomar alguma atitude em relação ao filho. Recordar que a postura dos pais deve ter uma constância, sem ser inflexível; os limites impostos aos filhos devem ser claros e que tenham noção das consequências das possíveis falhas de seus atos.

Proposta 2 **Data: ____ / ____ / ______**

Questionamento – *Propor as seguintes questões e ouvir atentamente as respostas. Conduzir o diálogo, baseando-se na leitura prévia dos textos a seguir.*

1. Por que os pais divergem na educação dos filhos?

2. Quais as consequências, para a criança, das posturas divergentes dos pais?

3. Como fazer com que as divergências de opiniões a cerca da educação dos filhos não os prejudiquem?

Texto 1

Quando namorados ou noivos os casais sonham, planejam quantos filhos terão, se serão meninos ou meninas. Falam de possíveis nomes. Falam até dos signos do horóscopo que mais combinam com os seus.

Eis que os filhos nascem e a vida muda completamente: não há mais tempo para diversões como cinema, passeios... As despesas aumentam com a chegada de novos companheiros na família.

Os pais se desdobram para acompanhar todas as necessidades das crianças. E decisões têm que ser tomadas. Pode acontecer a divergência entre o casal. Desde o pediatra: um acredita na homeopatia, o outro não. A criança arde em febre, o outro critica o medicamento.

Quanto à escola. Tem que ser perto de casa? Período integral? Qual o método de ensino? Quem vai pagar a mensalidade? Será que a criança vai gostar do ambiente? Quem leva e traz?

A criança vai crescendo e está mais ativamente a requerer suas preferências, colocando a autoridade do casal em cheque-mate:

Posso ir brincar com meu amiguinho? Posso ir passear com meus amigos? Posso sair à noite? Posso namorar? Posso isto ou aquilo?

Isto quando não existe a manipulação por parte da criança que pode ser muito mais esperta do que os dois juntos. Não quer dizer que seja mais madura, tenha mais moral, saiba o que realmente está fazendo.

E quando os pais são separados? Aí a coisa complica e muito. É um tal de "você deveria ter falado comigo antes"! Ou então, "eu realmente não concordo e não admito que seja deste modo".

Já dissemos antes, quando existe amor e respeito tudo se resolve!

Tudo são experiências e nada é em vão. Somos Espíritos carentes de aprendizado.

Quando passa uma fase, logo vem outra. E não nos é dado algo que não tenhamos condições de enfrentar.

Psicografado por Beth em 20.09.2007

Texto 2

Divergência: esta palavra em si já é muito forte, porque denota não apenas o que é diferente, porém o que é oposto.

Quando um casal se une com amor e tem um objetivo em comum, que é a educação de um filho, claro que encontrará dificuldades caso haja divergência, oposição um ao outro. Um segue para uma direção e o outro para outra oposta. Como fica o psiquismo desta criança que em primeira instância precisa sentir-se segura? Como ficam suas ideias? A quem seguir? Isto precisa ser considerado, meus irmãos, para que todo o resto possa ter a corrigenda necessária. Uma criança nasce com instintos, com predisposições boas e más, que cabe aos genitores identificarem e corrigirem no tempo hábil e justo, quando ainda estruturas não foram formadas. Se há convergência de opiniões, se há amor e objetivos comuns para o bom caminho de elevação moral, há a grande possibilidade de substituição de tendências más por virtudes.

Quando isto não acontece, há conflitos existenciais que se refletem em todo o grupo familiar. Aliás, está aí o termômetro para que possam verificar e se apressar a corrigir.

Psicografado por Izabel em 05.08.2010

Proposta 3 **Data: ____ / ____ / ______**

No Evangelho – *Ler o seguinte texto da* Revista Espírita *(janeiro / 1860):*

"(...) Distinguem-se os bons dos maus pensamentos, porque os primeiros podem, sem receio, ser transmitidos a todo mundo, ao passo que os últimos não poderiam, sem perigo, ser comunicados senão a alguns. Quando vos vier um pensamento, para julgar de seu valor, perguntai-vos se podeis torná-lo público sem inconveniente e se não fará mal. Se vossa consciência vo-lo autorizar, não temais, vosso pensamento é bom. Dai-vos bons conselhos mutuamente, e nisto só tendo em vista o bem daquele a quem os dais, e não o vosso. Vossa recompensa estará no prazer que experimentais em serdes úteis. A união dos corações é a mais fecunda fonte de felicidades; e, se muitos homens são infelizes, é que só procuram a felicidade para si mesmos. Ela lhes escapa precisamente porque julgam só encontrá-la no egoísmo."

Propor a questão a seguir para discussão:

O texto traz parâmetros para nos certificar se nossos pensamentos são bons ou não. Como isso pode ser utilizado para auxiliar na resolução dos conflitos causados pela divergência de opiniões na educação dos filhos?

Observar que dificilmente levamos em consideração o bem estar do outro quando exprimimos nossa opinião. Muitas vezes queremos "ter razão", manifestando, assim, o nosso orgulho. Uma conduta recomendável é refletirmos se nossas convicções em relação à educação serão benéficas aos filhos.

Finalização da aula

Faixa de Möbius – Levar várias tiras de papel de 20 cm X 2 cm (Ver Anexo I). Numa das extremidades, escrever um símbolo qualquer (uma letra, um número, um desenho). Na outra extremidade, porém no verso, fazer um símbolo diferente. Deixar disponível cola ou fita adesiva e caneta para que os participantes possam utilizar. Pedir para que façam uma linha contínua, unindo os dois símbolos, sem cruzar a extremidade do papel. Aguardar alguns instantes. Se ninguém resolver, apresentar a seguinte solução: unir as pontas, torcendo uma das extremidades de modo que os símbolos fiquem do mesmo lado. Traçar a linha contínua de um símbolo ao outro, provando a possibilidade da solução.

Concluir que para resolver uma aparente contradição, precisamos de flexibilidade para mudar a maneira de ver, enxergar outras possibilidades para resolver o conflito. Os dois símbolos estão do mesmo lado, na verdade tudo está do mesmo lado.

Complementos

• Bibliografia

TIBA, Içami - *Quem ama educa,* 52ª edição, São Paulo, Editora Gente, 2002.

KARDEC, Allan - *Revista Espírita* - 1860, Janeiro, Conselho de Família. Rio de Janeiro, FEB, 2004.

Harmonia no lar 7

"Não podemos nos esquecer da prece, da oração em busca do Pai, irradiando o nosso amor a todas as criaturas necessitadas."

Autores Diversos

Entendendo o Espiritismo, capítulo 14, Editora Aliança.

Tema / Conteúdo

Harmonia no lar – falar sobre os recursos para promoção da harmonia e entendimento no lar.

Motivação Inicial

Filmagem – *Sem saber, você foi filmado durante 24 horas, quando todos da família estavam em casa. Se você pudesse ver esse filme, como você se sentiria? Você se considera um elemento que promove a harmonia no lar?*

Desenvolvimento da aula

Proposta I **Data: ____/____/______**

Questionamento – *Fazer as perguntas e conduzir o diálogo conforme o texto a seguir, que poderá ser lido ao final.*

1. Que dificuldades podemos enfrentar no convívio familiar?

2. Como reagimos quando alguém da família faz algo que não nos agrada ou comete um erro?

3. Até que ponto nossas atitudes influenciam nossos filhos?

4. De que (ou de quem) depende a harmonia no lar?

Devemos, pois, estar muito atentos à harmonia do nosso lar para que nossos filhos aprendam o verdadeiro amor através da compreensão e da tolerância. Quando nos pegamos irritados com algo de que não gostamos que o outro fez e não tentamos compreender esse erro, quando não entendemos que estamos lidando com seres humanos que ainda são falhos, estamos dando o exemplo aos nossos filhos de que eles também poderão nos tratar assim. E isso se tornará um ciclo. Por isso, vigiem-se pelas suas atitudes dentro de seu lar, tolerem as falhas de suas ajudantes, filhos, companheiros, bichos e demais Espíritos que dividem o seu lar. Pois a harmonia dentro dele será o alicerce construído para as grandes tempestades que irão enfrentar, na jornada terrena de todos vocês. E mesmo quando não mais estiverem encarnados, esse sentimento de calmaria alimentará a força daquele que teve a oportunidade de dividir esses momentos e com certeza será um ser humano muito mais seguro de si.

Psicografado por Marissol em 04.10.2007

Proposta 2 **Data: _____/_____/________**

Caso *– Ler o caso a seguir e conduzir o diálogo a partir das perguntas:*

Vejo uma casinha simples, com um jardim também bem simples. Parece que aquelas plantas são exemplares que não estão na moda. Parecem antigas. Folhagens com poucas flores, mas que formam um caminho até a sala de entrada.

Bem, quase não é uma sala de visitas! Ou de jantar ou de TV como vemos na arquitetura atual. É na verdade um dormitório que serve de sala durante o dia todo.

Trata-se de um casal com dois filhos pequenos. A menina tem uns 4 anos e o menino tem 6 anos. O marido trabalha muitas horas por dia. A mulher, sem ter com quem deixar as crianças, não pode trabalhar fora. Não é em todo bairro ou em toda cidade que temos creches, escolas para as crianças menores. Então, ela se oferece pela vizinhança para pequenos serviços: prepara e confeita bolos singelos, faz reparos em roupas. Até mesmo cuidar de outras crianças em troca de alimentos ou algum dinheirinho.

Uma visita da espiritualidade percebe harmonia, entendimento entre mãe e filhos, entre o casal, entre o pai e filhos. Percebe um ambiente elevado, pois os adultos cultivam o hábito da prece. E sabem agradecer pelo lar, pela saúde, pelas crianças, por terem um teto, pela família, pelo trabalho material.

Enfim, agradecem por tudo o que têm e são.

Se pensarmos bem, a maioria das famílias nos países pobres é assim: sem muita estrutura do Estado ou da sociedade. Têm que contar com os próprios valores individuais para tocarem suas vidas.

Se estamos numa posição mais privilegiada, não nos esqueçamos dos mais humildes que não têm escola, babá, cozinheira, empregada que faça as tarefas rotineiras do lar. E que lutam ainda pelo conforto material e mesmo assim mantêm o equilíbrio espiritual e cultivam a paz interior.

São pessoas que têm fé. Que são crentes em Deus. Que não complicam a vida. Que vivem dia por dia. Como Jesus nos recomenda.

Conseguem regar e admirar um jardim bem simples. Conseguem receber dezenas de amigos e parentes num quarto e cozinha. Conseguem criar cães e gatos. Pintam suas casas com cal. Varrem o quintal de terra batida. Recolhem a roupa do varal cheirosa e sequinha.

A espiritualidade maior sente prazer em visitá-los. Pois veem ali um verdadeiro lar cristão.

Psicografado por Beth em 06.12.2007

1. Como a carência material pode interferir na harmonia do lar?

2. O que permite a esta família conseguir manter a harmonia em seu lar?

Proposta 3 **Data: _____/_____/________**

Figura da casa *– Ampliar e recortar as figuras do Anexo II. Distribuir uma figura para cada um dos pais. Colocar um pedaço de fita adesiva no verso para fixá-las no quadro. Vendar seus olhos e pedir que coloquem as peças no lugar adequado para compor a paisagem. Tirar as vendas e observar o resultado. Provavelmente haverá desarmonia na composição. Sugerir a frase seguinte para a discussão: "Sem a luz de Deus dentro de nossa casa, tudo fica fora do lugar".*

Fazer as questões a seguir e conduzir o diálogo conforme as sugestões abaixo:

1. Como colocar a luz de Deus em nosso lar?

Observar que podemos ter a luz de Deus em nosso lar através da nossa fé, da crença de que somos seus filhos e de que Ele não nos desampara.

2. O que podem representar as vendas (olhos vendados)?

Lembrar que os olhos vendados podem representar a ignorância (não saber), a cegueira espiritual, a falta de objetivos (não saber o caminho a seguir).

3. O que cada um pode fazer para obter harmonia no lar?

Perceber que a harmonia começa com o próprio adulto, dando o exemplo, buscando manter um relacionamento respeitoso com os demais, aceitando cada um como se apresenta.

4. Em que a harmonia no lar pode auxiliar na vida das crianças?

Salientar que a família é o primeiro núcleo social ao qual a criança pertence e que a forma como se relacionará com o mundo estará pautada nessa primeira experiência. Um lar harmônico dá à criança maior oportunidade de desenvolvimento por oferecer segurança.

Proposta 4 **Data: ____/____/______**

No Evangelho – *Ler a passagem de O Evangelho segundo o Espiritismo contida no capítulo 9, item 6. Conduzir o diálogo a partir das perguntas a seguir:*

"(...) O mundo está cheio de pessoas que trazem o sorriso nos lábios e o veneno no coração; que são doces, contanto que ninguém as moleste, mas que mordem à menor contrariedade; cuja língua, dourada quando fala face a face, se transforma em dardo venenoso, quando falam por trás.

A essa classe de pessoa pertencem ainda esses homens que são benignos fora de casa, mas tiranos domésticos, que fazem a família e os subordinados suportarem o peso do seu orgulho e do seu despotismo, como para compensar o constrangimento a que se submetem lá fora. Não ousando impor sua autoridade aos estranhos, que os colocariam no seu lugar, querem pelo menos ser temidos pelos que não podem resistir-lhes. Sua vaidade se satisfaz com o poderem dizer: 'Aqui eu mando e sou obedecido', sem pensar que poderiam acrescentar, com mais razão: 'E sou detestado.'" (Lázaro – Paris, 1861)

1. A sociedade mudou muito do século XIX até nossos dias. Você acha que este texto ainda se aplica à sociedade atual? Por quê?

2. Quais os sentimentos envolvidos na situação descrita?

3. Como você se sentiria se fosse criança num lar como o descrito no texto?

4. O que poderíamos fazer para reequilibrar o nosso lar, caso isto ocorresse conosco?

5. O que hoje contribui para a harmonia e a desarmonia do lar?

Finalização da aula

Texto *– Ler o texto a seguir ou reproduzi-lo para distribuição.*

A harmonia no lar é a base de sustentação em todo o processo educacional porque envolve a relação de amor, de tolerância, de justiça, de paz, de aceitação dos desígnios de Deus. Quem consegue implantar esta harmonia, tem toda a base necessária para a condução dos ensinamentos do Cristo junto à família constituída.

As crianças que ali crescem, desenvolvem-se com segurança para enfrentar todas as intempéries da vida, porque têm em suas raízes os alicerces do seu "porto seguro" e lá retornam com os valores aprendidos e apreendidos.

Isto promove uma elevação de irmãos de luz que frequentam o nosso lar, porque permanecem para nos ajudar. Claro que o ambiente é agradável a todos que sentem ali a paz tão desejada.

Utopia? Claro que não! É perfeitamente possível, até nos dias de hoje sim, construir um lar assim! Basta para isto, para esta edificação:

- amor filial e fraternal
- paciência, compreensão e tolerância uns com os outros, mas o desejo é importante na conquista destas virtudes entre todos
- compromisso espiritual
- ligação diária com o Alto para a sua manutenção
- desejo compartilhado, objetivo entre todos, independente da idade

Quando há desarmonia, todo o contrário se estabelece. Mas há tempo de implantar a harmonia. Fiquem na paz do Cristo e conquistem esta paz.

Psicografado por Izabel em 17.06.2010

Complementos

• Bibliografia

KARDEC, Allan – *O Evangelho segundo o Espiritismo*, cap. IX, item 6. São Paulo: LAKE, 2002.

• Dicas

1. Uma das maneiras de promover a harmonia no lar é aproveitar os momentos de encontros e comemorações para cultivar os valores familiares, as tradições, relembrar os momentos marcantes, ou seja, construir a história da família. E essa iniciativa cabe aos adultos para as crianças seguirem como modelo.

2. O sorriso é o primeiro passo para você se sentir bem; faz com que os outros sintam-se felizes também.

Orientação vocacional 8

"Havia um refrão dizendo: aquele que não ensina um ofício a seu filho prepara-o para salteador de estrada. (...) José, carpinteiro e o próprio Jesus, após a morte de seu pai, que se deu no ano 23, concorreu à manutenção da família, trabalhando no mesmo ofício..."

Edgard Armond
O Redentor, Editora Aliança.

Tema / Conteúdo

Orientação vocacional/escolha da profissão – orientar os pais sobre a importância de apoiar os filhos na escolha da profissão.

Motivação Inicial

Questionamento – *Fazer a pergunta e ouvir atentamente a resposta dos participantes.*

- Como você chegou à profissão que tem hoje?

Desenvolvimento da aula

Proposta 1 **Data: ____ / ____ /**

Questionamento *– Propor as perguntas a seguir para breve discussão. Em seguida, ler um dos textos escolhido previamente para ser apresentado, complementando as discussões.*

1. Até onde os pais podem ajudar os filhos na escolha profissional?
2. Como evitar transmitir aos filhos a frustração que possamos ter em relação à nossa escolha profissional?
3. É possível ter sucesso fazendo o que se gosta?
4. O que é mais importante: termos satisfeita a nossa vocação ideal ou buscarmos boa remuneração?
5. Estamos atentos às mudanças no mercado de trabalho, ao surgimento de novas profissões?

Texto 1

O mundo atual é repleto de opções, muitas profissões novas surgiram e outras tantas ainda irão surgir. Devido a isso e à quantidade de estímulos e informações que a criança, e em decorrência, o jovem recebe, faz com que muitas vezes ele não saiba o caminho a seguir.

Junte a tudo isso a ansiedade dos pais, a pressão da sociedade e muitas vezes o reflexo do desejo paterno. Temos como resultado um ser confuso no que sente e no que quer.

Alguns de vocês perguntarão: “A profissão que esse jovem deve seguir não é predestinada? Já não foi decidido na espiritualidade?”

A isso eu pergunto: “Vocês conhecem o livre-arbítrio?”

Sim, muitas coisas foram designadas no plano espiritual, antes da reencarnação, mas todos podem alterar seu destino, pois Deus, Nosso Pai Maior, nos deu o livre-arbítrio, ou seja, podemos tomar a decisão e o caminho que desejarmos.

É importante deixar que o jovem escolha o que fará, a profissão que seguirá. Cabe aos pais informar, apoiar e orientar, não decidir pelo filho.

Atualmente vocês visam muito à remuneração, o retorno que seus filhos terão na profissão escolhida, mas há de pensar se isso é mais importante do que fazer por amor, prazer.

O jovem deve ser informado, mas não pressionado; a decisão é dele.

Atualmente há profissionais que podem auxiliar essa decisão e que devem ser procurados, caso o jovem esteja inseguro ou indeciso.

Não exijam que ele saiba o que será desde pequeno. Cada coisa em sua hora e em seu momento. Deixem que ele pergunte, busque. Respondam apenas o que ele quer saber. Tomem cuidado para não induzi-lo.

É importante que ele seja feliz e goste do que faz, assim o fará bem e terá prazer em trabalhar, pois o trabalho é bênção suprema.

Abraços fraternos a todos,
Um Amigo

Psicografado por Renata Samira em 06.03.2008

Texto 2

Tenho dois filhos, um quer ser médico e o outro jogador de futebol.

Sei que ambas as profissões são de difícil acesso. E como fazer para incentivá-los nas suas aspirações?

Eu não sou médico, nem jogador de futebol. Não sei se eles vão manter esta opção quando na idade de vestibular ou de seleção nos clubes esportivos.

Como educar os filhos sem falsas pretensões? Se a criança não apresenta bom rendimento escolar e não demonstra vontade em reverter esta situação, como poderá encarar um teste de seleção?

Se a criança não apresenta biótipo apropriado para determinadas atividades, como esperar que ganhe a vida e tenha realização na sua empreitada profissional?

Com 1,50m de altura não dá pra ser jogador de basquete, mas ele poderá ser um ótimo profissional em qualquer outra área.

Se o jovem é extremamente irrequieto não dá para passar o dia todo preso em uma baia de escritório.

Para avaliar todas estas aptidões e possibilidades é que existem os testes vocacionais que devem ser aplicados por profissionais habilitados, assim que o jovem demonstre interesse e maturidade em fazê-lo.

A resposta de um teste vocacional não deve ser encarada como definitiva, mas pode indicar uma tendência que muito ajudará aos jovens e aos pais na ocasião da escolha de uma profissão ou de um curso por parte do jovem.

Às vezes é difícil apoiar o jovem quando a sua escolha diverge muito da opinião dos pais, mas estes não devem desanimar nem se desesperar, pois nem sempre a nossa vivência vale para outra pessoa. E, além disso, os pais devem tomar ciência que a evolução das atividades profissionais foi radical nas últimas décadas. Então, a nossa experiência pode não completar o anseio e visão do jovem, que se realiza do modo que lhe é próprio. O jovem enxerga o seu caminho e só ele é que irá trilhá-lo.

Cabe aos pais a confiança em Deus e em tudo o que fizeram em benefício da educação dos seus filhos.

Certos de que tudo correrá da melhor maneira em suas escolhas na vida.

Psicografado por Beth em 06.03.2008

Proposta 2 **Data: ____ / ____ / ____**

Questionamento *– Propor as perguntas a seguir para breve discussão. Em seguida apresentar o texto, complementando as discussões. Pedir aos participantes que façam um breve comentário do texto, comparando-o com as discussões anteriores.*

1. Em termos de realizações espirituais qual é a utilidade do trabalho?
2. Como é possível aos pais adquirir autoridade moral para orientar os filhos quanto à profissão?

Todas as pessoas trazem vaga e inata noção de suas missões pessoais a cumprir na existência. A vida de cada um é objeto de atento e meticuloso planejamento, para alcançar objetivos definidos em termos de realizações espirituais, em escalas de tempo por vezes milenares.

O exercício do trabalho constitui-se em valiosa experiência para o cultivo de virtudes, para a melhoria de relações pessoais, para a justa valorização do tempo e das oportunidades, para a prática do desapego e da distinção entre o que é ilusório ou transitório e o que é verdadeiro na vida.

Pais e orientadores devem desenvolver em si mesmos a visão espiritual mais correta quanto ao trabalho material, seus deveres e direitos, acumulando a energia interna que lhes assegurará a autoridade moral necessária para orientar as mentes jovens quanto à prática de qualquer profissão honrada e útil à coletividade.

Em qualquer caso, a lição da honestidade, como virtude essencial ao exercício de toda profissão, só pode ser ministrada com a força do exemplo pessoal.

Grande parcela do atual sofrimento coletivo seria eliminada se crianças e jovens tivessem fixada a legenda da honestidade, desde cedo, em tudo o que aprenderem e assimilarem como valores para suas vidas.

Psicografado por Eduardo em 29.07.2010

Proposta 3 **Data: ____ / ____ / ____**

No Evangelho – *Com base na pergunta 928 de O Livro dos Espíritos:*

L.E. 928 Pela natureza especial das aptidões naturais Deus indica evidentemente a nossa vocação neste mundo. Muitos males não provêm do fato de não seguirmos essa vocação?

— Isso é verdade, e muitas vezes são os pais que, por orgulho ou avareza, fazem os filhos se desviarem do caminho traçado pela Natureza, comprometendo-lhes com isso a felicidade. Mas serão responsabilizados por isto.

O dirigente poderá propor a seguinte questão: O que pode levar os pais a interferir de modo prejudicial na escolha vocacional dos filhos?

Após os comentários, se houver necessidade, ler para os pais os esclarecimentos dos Espíritos.

Lembrar que muitos comportamentos podem ser manifestações do orgulho, como, por exemplo:

- *Desejar uma determinada profissão para o filho para manter o status;*
- *Manter a tradição familiar;*
- *Buscar a realização pessoal através da profissão do filho.*

Ou manifestações da avareza, como por exemplo:

- *Querer uma profissão mais rentável para garantir que o filho possa sustentá-lo na velhice.*

Finalização da aula

***Entrevista** – Simular uma entrevista, perguntando aos participantes o que gostariam de ser se não tivessem a atual profissão.*

Complementos

- **Bibliografia**

KARDEC, Allan – *O Livro dos Espíritos,* questão 928. São Paulo: LAKE, 2001.

- **Dicas**

1. Relembrar a vida de Francisco de Assis que preferiu abraçar a sua vocação a seguir uma vida como rico comerciante.

2. A palavra 'trabalho' tem sua origem no vocábulo latino *tripalium,* que era um instrumento de tortura para os escravos e pobres que não podiam pagar os impostos. Desse modo, originalmente, 'trabalhar' significava ser torturado no tripalium.

3. Ouvir a música *O super trabalhador* do CD *Gabriel, o pensador para crianças.*

Outros educadores além dos pais 9

"Não pensem que eu vim trazer paz ao mundo. Não vim trazer a paz, mas a espada. Eu vim para pôr os filhos contra os pais, as filhas contra as mães e as noras contra as sogras. E assim os piores inimigos de qualquer pessoa serão os seus próprios parentes."

Mateus, 10: 34-36.

Tema / Conteúdo

Outros educadores além dos pais – refletir sobre a influência de familiares e outros adultos na formação das crianças.

Motivação Inicial

Questionamento – Fazer as perguntas e ouvir atentamente as respostas dos participantes.

- O que é ser educador? Quem você considera que seja educador além de si mesmo?

Desenvolvimento da aula

Proposta I **Data: _____ / _____ / _______**

Questionamento *– Fazer as perguntas e conduzir o diálogo conforme os textos a seguir.*

1. Você acha que outros adultos têm influência na educação de seus filhos?

2. O que você sente e como reage quando seu filho é repreendido por um parente?

3. Você já notou algum comportamento ou atitude de seu filho que mostre a influência de outros adultos que não seja a sua? Como você age quando a influência não é benéfica?

4. Quem são os maiores responsáveis pela educação do seu filho? Por quê?

5. Por que pode ser difícil aceitar a interferência de outras pessoas na educação dos filhos?

6. Quais as consequências da não aceitação de outros educadores?

7. Como estabelecer um convívio fraterno com outros educadores em benefício dos filhos?

Texto 1

1

Todos participam da educação e formação das crianças. Não apenas vizinhos, tios, primos e outros, mas a televisão, escola, amigos e livros também são fontes formadoras.

Porém cabe aos pais a maior parte da responsabilidade, pois foi a eles que esse filho foi confiado.

2

Temos aqui algumas diferenças. Antigamente todos participavam da vida de todos. Um morava ao lado do outro, as crianças brincavam juntas, e as famílias tinham quase a mesma concepção de educação.

Atualmente isso é diferente, cada um vive no seu mundo e a concepção de educação varia de família para família.

3 Aqui, como sempre, é necessário usar o bom senso. Os pais devem saber o que esperam do filho e mostrar isso a ele.

A criança deve aprender que algumas regras não são negociáveis.

O que for realmente importante deve ser levado em consideração.

Hoje muitos pais dependem de outros para cuidarem de seus filhos, pois necessitam trabalhar, então qual a atitude que devem tomar?

As linhas básicas da educação que os pais esperam que seus filhos tenham devem ser transmitidas a quem deles cuidar.

O diálogo com a criança também é importante, mostrando a ela porque os pais esperam esse comportamento e não outro.

Esse é um caminho difícil, onde cada caso é um. Quem cuida da criança faz o que acha ser o melhor e deve ser respeitado, mas também tem que respeitar as regras da casa.

É fundamental que os pais conversem com os filhos e os conscientizem das regras e de sua importância.

Também é importante que a criança perceba que os pais não vão se deixar levar, nem mudar suas intenções e regras. A criança pode tentar manipular os pais para atingir seus desejos. Por isso é necessário que os pais tenham claro o que querem e o que é relevante desenvolver na educação de seus filhos.

Desde pequena a criança é exposta a vários educadores e cabe aos pais direcioná-las com paciência e amor.

É fácil? Claro que não!

4 Sabemos que muitas vezes os pais não sabem o que fazer, qual o caminho a seguir, por isso ler, conversar para ter em mente o que se quer, com muita clareza.

Talvez seja preciso repensar, analisar e mudar o rumo. Mas isso faz parte do desenvolvimento dos pais e filhos e, consequentemente, da família.

Um abraço fraterno
Psicografado por Renata Samira em 21.10.2010

Texto 2

5 Muitas vezes os pais perguntam, com ciúme, quem além deles se dá o direito de querer educar seus preciosos filhos?

Na vida, conforme a necessidade, são muitos os que podem educar com o exemplo e o amor. Os avós, os tios, os professores (das mais variadas atividades), a mãe ou pai do coleguinha que conversa com respeito com nossos filhos e assim podemos ver o papel de educador numa variedade bem grande de pessoas que compartilham conosco a companhia de nossos filhos.

6 A base da educação, é claro, deve ser dada pelos pais, mas por que não aceitar o acréscimo dessa educação nos mais diversos ambientes que nossos filhos frequentem?

Devemos também prestar atenção para não tirarmos a autoridade dessas pessoas, criticando-as em casa de forma irônica, desacreditando esses mestres, sem prestarmos a devida atenção aos seus ensinamentos.

7 Queridos pais, passamos atualmente um grave momento na educação feita pelas escolas. Não seria melhor ajudar do que criticar? Talvez se vários arregaçassem as mangas e dessem um pouco de seu tempo e boa vontade, muito dessa situação poderia ser consertada.

Podemos ensinar nossos filhos a escutarem com respeito todos os ensinamentos, pensando sobre eles e aproveitando o que de bom todos sempre terão a nos dar.

Nossos filhos devem sempre encontrar em cada um de nós um amigo e ouvinte para poder discutir tudo aquilo que ouvem e devemos junto com eles nos acostumarmos a filtrar essa "educação", utilizando o que é bom para nós e desprezando o que não nos trará utilidade.

Não deixemos fugir as oportunidades de aprender junto com
8 nossos filhos; que o nosso orgulho não nos faça cegos a tantos
bons conselhos e exemplos que, com certeza, virão de vários
educadores que não sejam só nós, os pais.

Psicografado por Marisilda em 21.10.2010

Proposta 2 **Data: ______ / ______ / ________**

No Evangelho – *Fazer a pergunta a seguir, ouvindo atentamente as respostas:*

1. Qual a utilidade da infância para o Espírito?

Em seguida, apresentar num cartaz a pergunta 383 de O Livro dos Espíritos.

L.E. 383. Qual é, para o Espírito, a utilidade de passar pela infância?

– Encarnando-se com o fim de se aperfeiçoar, o espírito é mais acessível, durante esse tempo, às impressões que recebe e que podem ajudar o seu adiantamento, para o qual devem contribuir os que estão encarregados da sua educação. (1)

(1) Os pais e os professores espíritas devem ponderar sobre este item e os que se lhe seguem. O Espiritismo vem abrir um novo capítulo da Psicologia Infantil e da Pedagogia, mostrando a importância da educação da criança não apenas para esta vida, mas para a própria evolução espiritual. (N. do T.)

Perguntar:

2. De acordo com o texto, quem pode contribuir com a educação das crianças?

Concluir que todos os adultos que têm contato com as crianças podem contribuir com sua educação.

Pela lei da reencarnação poderemos estar unidos aos que nos rodeiam e termos responsabilidades, junto a eles, que remontam do passado, mesmo que não sejam nossos filhos na vida presente.

Proposta 3 Data: _____/_____/________

Casos – *Ler os casos e pedir que os participantes comentem como agiriam numa situação semelhante, se já presenciaram alguma cena parecida ou que deem um depoimento de alguma vivência. Conduzir o diálogo, baseando-se nas sugestões.*

Caso 1

Como não viesse nenhum carro, a avó atravessa a rua com o farol vermelho, em companhia do neto de 5 anos. O menino lhe diz:

– Vovó, não podemos atravessar! O meu pai disse que se o farol estiver vermelho, é para parar!

– Ah, agora pode.

Observar que é importante oferecermos às crianças padrões comportamentais coerentes, para que não haja contradições entre seus educadores e as crianças fiquem em dúvida de como e em qual momento lhes é permitido ou não realizar algo.

Caso 2

O avô compra guloseimas para o neto e o pai reclama que não é adequado. O avô lembra que ele é que sustenta a família, inclusive o neto.

Ressaltar que os diálogos a respeito da educação da criança não devem ocorrer em sua presença, pois uma parte pode desautorizar a outra. Além disso, enquanto a situação de dependência econômica não se resolver, é importante que os pais assumam seu papel perante os filhos, para manter a autoridade.

Caso 3

A avó tenta aconselhar a neta e esta desdenha, dizendo:

– Você está velha, não sabe de nada! No seu tempo era assim, hoje é diferente!

Atentar para a necessidade de ensinar aos filhos o respeito à experiência dos mais velhos.

Caso 4

A professora envia um bilhete aos pais de um aluno, solicitando apoio para que ele melhore o rendimento escolar. O pai reclama dizendo que é obrigação da professora.

Cuidar para não desautorizar a professora. Buscar o diálogo e o consenso. Para a criança é importante que os pais demonstrem interesse por sua vida escolar, para que se sinta motivada a progredir nos estudos.

Finalização da aula

Texto – Ler a seguinte passagem do capítulo VIII de O Evangelho segundo o Espiritismo:

> "2. Então lhe apresentaram uns meninos para que os tocasse; mas os discípulos ameaçavam os que lho apresentavam. O que, vendo Jesus, levou-o muito a mal, e disse-lhes: Deixai vir a mim os pequeninos, e não os embaraceis, porque o Reino de Deus é daqueles que se lhes assemelham. Em verdade vos digo que todo aquele que não receber o Reino de Deus como uma criança, não entrará nele. E abraçando-os, e pondo as mãos sobre eles, os abençoava. (Marcos, 10:13-16)"

Jesus foi outro educador além dos pais. Sintamos a confiança dos pais que levavam os filhos para serem abençoados por Jesus. E a postura de Jesus – verdadeiro mestre – que acolhia a todos amorosamente.

Complementos

• Bibliografia

AUTORES DIVERSOS – *Evangelização Infanto-juvenil:* Intermediário A, aula 30 (A mesa e o banquinho). São Paulo: Editora Aliança.

KARDEC, Allan – *O Evangelho segundo o Espiritismo,* cap. VIII, item 2. São Paulo: LAKE, 2002.

KARDEC, Allan – *O Livro dos Espíritos,* questão 383. São Paulo: LAKE, 2001.

• Dicas

O filme *Vitus* (Suiça, 2006), direção de Fredi M. Murer, mostra as relações entre um avô e seu neto.

Separações conjugais 10

"Qual seria o efeito da abolição do casamento para a sociedade humana?
– O retorno à vida animal."

Allan Kardec
O Livro dos Espíritos, questão 696.

Tema / Conteúdo

Separações conjugais – refletir sobre as consequências para o casal e os filhos.

Motivação Inicial

Questionamento – *Fazer a pergunta e ouvir atentamente as respostas dos participantes.*

• Você concorda com a frase "O que Deus juntou o homem não separa"?

O dirigente deve evitar que as opiniões sejam muito extensas ou acaloradas.

Desenvolvimento da aula

Proposta 1 **Data: ____ / ____ / ______**

No Evangelho – *Fazer as perguntas de* O Livro dos Espíritos, *uma a uma, ouvir as opiniões dos participantes e, então, apresentar as respostas dadas pelos Espíritos.*

L.E. 696 Qual seria o efeito da abolição do casamento para a sociedade humana?

– O retorno à vida animal.

• A união livre e casual dos sexos é um estado natural. O casamento é um dos primeiros atos de progresso nas sociedades humanas, porque estabelece a solidariedade fraterna e aparece entre todos os povos, ainda que em condições diversas. A abolição do casamento seria o retorno à infância da humanidade e colocaria o homem até mesmo abaixo de alguns animais que dão exemplo de uniões constantes.

L.E. 697 A ideia de que o casamento não pode ser absolutamente dissolvido está na lei natural ou apenas na lei humana?

– É uma lei humana muito contrária à lei natural. Mas os homens podem mudar suas leis; as da natureza são as únicas imutáveis.

L.E. 940 A falta de simpatia entre os seres destinados a viver juntos não é igualmente uma fonte de sofrimentos, tanto mais amarga quando envenena toda a existência?

– Muito amarga, de fato: mas é uma dessas infelicidades de que, na maioria das vezes, sois a primeira causa. Em primeiro lugar as vossas leis são erradas, pois acreditais que Deus vos obriga a viver com aqueles que vos desagradam? Depois, nessas uniões procurais quase sempre mais a satisfação do vosso orgulho e da vossa ambição do que a felicidade de uma afeição mútua. E sofreis, então, apenas a consequência dos vossos preconceitos.

L.E. 940-a Mas nesse caso não haverá quase sempre uma vítima inocente?

– Sim, e isso é para ela uma dura expiação, mas a responsabilidade da sua infelicidade recairá sobre os que a causaram. Se a luz da verdade tiver penetrado em sua alma ela se consolará com a fé no futuro. De resto, à medida que os preconceitos se enfraquecem, desaparecerão também as causas dessas infelicidades íntimas.

Proposta 2 Data: ____ / ____ / ______

Questionamento – *Perguntar aos participantes que consequências uma separação pode trazer para os filhos. Ouvir as opiniões e a seguir ler o texto abaixo. Depois, propor que apresentem soluções para cada um dos cinco fatores citados no texto que prejudicam as crianças do divórcio. Aguardar os comentários ou possíveis sugestões.*

Não separar o que Deus juntou. O casamento geralmente é um compromisso firmado no plano espiritual para experiência de reajuste e resgate entre dois Espíritos.

Fugir do matrimônio para evitar os problemas que lhe são inerentes, significa recuar do resgate que nós mesmos programamos no Mundo Espiritual.

Lembrando também que o compromisso foi estendido a outros Espíritos com os quais estamos em débito para nos reabilitarmos, recebendo-os como filhos, e encaminhando-os no bem.

Com a separação quebra-se esse elo e, muitas vezes, os filhos transformam-se em cabos de guerra entre os pais, em disputas sem fim para decidir quem fica com quem, e quando ficar.

Não podemos nos esquecer que viemos aqui para aprender a nos amar como irmãos que somos, e não para nos aturar. Se sucumbirmos no compromisso louvável de nos reajustar, portanto, se conseguíssemos não nos odiar, assim, pelo menos, pouparíamos os filhos do constrangimento de viver no meio desse fogo cruzado.

O que desestabiliza emocionalmente os filhos por ocasião de um divórcio dos pais, não é tanto a separação em si, mas como ela é administrada. E, muito do humor dos filhos dependerá, daí por diante, do humor, da atenção e das condições do pai ou da mãe que tiver ficado com sua guarda.

Há outros fatores que devemos considerar que podem também, e muito, prejudicar as crianças do divórcio:

- Se o pai ou a mãe "desaparece" após a separação.
- Se as crianças passam por dificuldades econômicas.
- Se o número de irmãos é muito grande (fica mais difícil cuidar de todos).
- Se o adulto que tem a guarda sofre de depressão prolongada.
- Se o divórcio faz a criança se afastar de sua rede de amigos e parentes – por exemplo, mudando de cidade.

Então o ideal para uma criança crescer saudável e sem traumas é uma família unida e feliz.

Psicografado por Nivaldo em 18.10.2007

Finalização da aula

Texto *– Ler um dos textos a seguir ou reproduzi-los para distribuição.*

(...) Em resumo: os que querem viver nas leis do mundo aceitam a separação e a praticam de acordo com essas leis por desquite, divórcio ou qualquer outro processo que convenha; mas os que preferem o testemunho evangélico, esses não se separam e permanecem nos seus postos de sacrifício até os limites das possibilidades.

E quais são esses limites? Usando do livre-arbítrio cada um julgará por si próprio e terá responsabilidade direta ante Deus, sobretudo havendo filhos.

Edgard Armond

(...) Deus quis que os seres se unissem, não somente pelos laços carnais, mas também pelos da alma, a fim de que a mútua afeição dos esposos se estenda aos filhos, e para que sejam dois, em vez de um, a amá-los, tratá-los e fazê-los progredir.

Allan Kardec

Complementos

- **Bibliografia**

ARMOND, Edgard – *O Espiritismo e a próxima renovação*: Separações conjugais à luz do Espiritismo. São Paulo, Editora Aliança, 2002.

KARDEC, Allan – *O Livro dos Espíritos*, questões 696, 697, 940, 940-A. São Paulo: LAKE, 2011.

KARDEC, Allan – *O Evangelho segundo o Espiritismo*, cap. XXII. São Paulo: LAKE, 2002.

Desenvolvimento da autonomia dos filhos 11

"Ninguém acende uma lamparina para pôr num lugar escondido ou debaixo de um cesto."

Lucas, 11:33

Tema / Conteúdo

Desenvolvimento da autonomia dos filhos – discutir a importância de proporcionar condições para que a criança possa progressivamente tomar decisões e responsabilizar-se por elas.

Motivação Inicial

Poema – *Ler os versos, dialogar brevemente sobre seu sentido e anunciar que o tema será autonomia.*

Vou pelo caminho da floresta,
mais curto e perigoso,
ou pela estrada afora,
mais longa e segura?

Sigo o conselho
do amigo lobo
ou a recomendação
de minha mãe querida?

Será que a voz
tão diferente
é de minha avó
que está doente?

Desenvolvimento da aula

Proposta I **Data:___ /___ /______**

Questionamento – *Fazer as perguntas e conduzir o diálogo conforme as orientações a seguir.*

1. O que é autonomia?

Observar que, segundo o dicionário, autonomia significa o poder de dar a si a própria lei, diferente de heteronomia – toda lei que procede de outro. Autonomia é a condição de uma pessoa (ou coletividade cultural) que determina, ela mesma, a lei à qual se submete. Ter autonomia é ter capacidade de julgar, de tomar decisões a partir de um conjunto de valores.

2. A autonomia se desenvolve sozinha (naturalmente) ou é algo que precisa ser aprendido?

Ressaltar que a autonomia precisa ser ensinada. É um processo contínuo que acontece na medida do desenvolvimento biopsicossocial da criança. No início da vida a criança depende totalmente dos adultos, até que comece a adquirir mais maturidade, capacidade de andar, falar, alimentar-se sozinha, experimentando as sensações ao seu redor. É preciso ter paciência para lidar com as tentativas de independência. Pode ser um processo cansativo e repetitivo para o adulto, que não deve deixar-se levar pelo cansaço, mas é importante para a autonomia da criança, que assim constrói seus conhecimentos e se torna responsável pelos seus comportamentos e ações.

À medida que a criança se desenvolve, passa a ter "vontades", "opiniões", "gostos", que nem sempre estão de acordo com o que deve ser, com o que é necessário e possível. Surgem os conflitos, que devem ser resolvidos com negociações (democracia). Ausência de conflito significa controle e dependência. E onde há dependência, não há autonomia.

3. É possível desenvolver critérios para tomar decisões?

Autonomia se desenvolve pouco a pouco, não é de uma hora para outra. Só saber fazer não é suficiente, é preciso se responsabilizar pelos atos.

Permitir que a criança coma sozinha, mesmo fazendo muita sujeira, permitir que se vista sozinha, mesmo abotoando errado, contribui para seu amadurecimento. Esse resultado "errado" traz frustração, mas essa frustração ajuda a desenvolver critérios. Os pais não devem fazer as coisas no lugar dos filhos, mas deixá-los fazer, de acordo com a capacidade que têm. Devem orientá-los como se fossem uma bússola, ou seja, apontar caminhos, dar uma direção segura (norteando valores, princípios morais, costumes, tradições, virtudes). Se agirem como um aparelho de GPS, querendo ensinar aos filhos como devem viver, traçando por eles o caminho mais fácil, criam uma situação momentânea confortável para os filhos, mas prejudicam o desenvolvimento da autonomia. Quando os pais não estão por perto, ficam perdidos, sem saber o que fazer.

4. Por que alguns pais têm dificuldade em desenvolver a autonomia dos filhos?

Como criar filhos independentes? É sempre o que todo pai se pergunta. Porque a superproteção, a vontade de ter sempre aquela criatura ao seu lado é ilusão. Devemos ter sempre a consciência de que filhos não são uma posse e, sim, seres humanos pelos quais seremos responsáveis, mas não donos deles. Pois o único e verdadeiro Pai é Deus. Nós somos apenas as babás que durante algum tempo, os ajudaremos a se desenvolver e crescer nessa encarnação.

Tornemos nossos filhos independentes através de atitudes que os façam serem mais felizes. Pois pessoas que dependem do outro, são sempre pessoas angustiadas e melancólicas. Essa vida é uma passagem e não seremos uns dos outros para sempre, pois somos seres únicos e vivemos em grupos para que dessa forma aprendamos a crescer e a respeitar a individualidade do outro.

Por isso sejamos solícitos e claros com os filhos, sempre estando à disposição para ensiná-los, e humildes, acreditando que eles também são capazes de realizar as suas coisas.

Auxiliemos sempre a que desenvolvam a capacidade de acreditar em si próprios, construindo assim a autoestima deles, que é o que muito tem faltado a esse mundo.

Psicografado por Marissol em 27.09.2007

Proposta 2 **Data: ___ / ___ / _____**

Casos – *Ler os casos e pedir que os participantes comentem se já presenciaram alguma cena parecida ou que deem um depoimento de alguma vivência. Conduzir o diálogo baseando-se nas sugestões:*

Caso 1

Fui uma criança linda e muito amada. Tão amada, tão mimada e paparicada que não fui estimulada a me conhecer. E assim cresci e tudo conseguia sem o menor esforço. Sei que meus pais só queriam me proporcionar o melhor: a melhor roupa, o melhor brinquedo, a melhor escola, os melhores estudos e passei por tudo feliz. Mas sem ter a ideia do que eu era capaz de fazer por mim ou por quem quer que fosse.

Até que um dia meus pais se foram e me vi sozinha e abandonada por aqueles que eram as minhas muletas da vida. Desesperei-me, maldisse a eles por me abandonarem e a Deus por tê-los levado. Muito sofri, chorei, esperneei. Continuava na mesma situação e só consegui sair desse estado quando percebi que só eu mesma poderia voltar a viver. Agora do meu jeito, com os meus esforços. Aprendi a me conhecer, a me ver, a me sentir e descobri uma nova pessoa. Tenho defeitos, sim, mas tenho muitas qualidades.

Clara

Psicografado por Marissol em 27.09.2007

Observar que quando os pais superprotegem os filhos, tiram-lhe a oportunidade do aprendizado da autonomia, a partir das próprias experiências.

A ideia de que o mundo é um lugar perigoso leva os pais a cuidarem excessivamente dos filhos, mas há consequências. Por um lado uma situação confortável em que os filhos não têm que se preocupar com nada, mas por outro eles ficam sem saber avaliar os riscos, pois não têm responsabilidades.

Caso 2

Um adulto foi flagrado transgredindo a lei. Seu pai foi a público e se declarou culpado por não ter dado a atenção e orientações necessárias, na época adequada.

Lembrar que a missão dos pais é apontar os rumos que consideram adequados para viver, mas isso não é garantia de que os filhos vão segui-los na idade adulta, quando já têm autonomia e responsabilidade pelos seus atos.

Caso 3

O menino vai a um acampamento, mas não consegue fazer coisas básicas sozinho, como amarrar sapatos, se vestir, ou cortar um bife. Para tudo isso tinha que ser ajudado por outras pessoas. Quando retorna para sua casa, a mãe se oferece para auxiliá-lo em alguma atividade, mas ele pede que somente o auxilie em tarefas que seja incapaz de realizar por si mesmo.

Ressaltar que numa época em que os relacionamentos (por exemplo, marido/esposa) são frágeis, a necessidade de um relacionamento que perdure é suprida pela transformação do filho num objeto que atenda a essa necessidade. Dessa forma, os pais podem não auxiliar a desenvolver a autonomia dos filhos para que eles fiquem sempre junto a si. Por vezes acabam fazendo tudo por eles, transformando-os sempre em bebês, dificultando o seu crescimento.

Caso 4

Uma menina de dois anos, por não ter seus desejos atendidos, esperneia e grita. Seus pais cedem por acreditarem que ela tenta ter o domínio da situação, pois já sabe o que quer.

Atentar que uma criança de dois anos não pode estar tentando ter o domínio da situação, pois isso envolve uma capacidade estratégica que crianças dessa idade não têm ainda desenvolvida. Ela apenas percebe que seus desejos não estão sendo atendidos e reage, fazendo a cena que os pais conhecem bem. Ser capaz de querer alguma coisa não significa estar pronto para ter autonomia, pois esta envolve a capacidade de avaliar os riscos, as consequências, que crianças ainda não têm. Mesmo os adolescentes, que já estão mais próximos de adquiri-la, ainda precisam ser tutelados, até terem condições de saber dosar melhor o que querem com as possibilidades da vida em grupo.

Tutelar significa estar disponível, orientar, mas não necessariamente com a presença do adulto, e é atividade trabalhosa, porque deve ser educativa. Quando os pais dão independência a crianças que ainda não têm condições, estão abandonando-as sem exercer sua função de educar.

Finalização da aula

Frase *– Ler a frase a seguir ou reproduzi-la para distribuição.*

Os pais são parceiros no desenvolvimento da autonomia, não somente como aqueles que ensinam e estimulam os filhos, mas também como aqueles que são estimulados e se desenvolvem, aprendendo a serem pais.

Complementos

• Bibliografia

AUTORES DIVERSOS – *Evangelização Infanto-juvenil*: Primário B, aula 27 (A excursão). São Paulo: Editora Aliança.

SAYÃO, Rosely – *Jornal Folha de São Paulo*, Equilíbrio, artigos:

"Dar autonomia antes da hora é abdicar da educação", 17/06/2004.

"A confusa conquista da autonomia", 04/05/2006.

• Dicas

Sugestões para estimular autonomia das crianças:

Proporcionar experiências de exploração, estimular o diálogo, incentivar o aprendizado, demonstrar interesse pelas coisas delas, não se eximir da responsabilidade de ser pai e mãe, colocar-se no lugar delas.

Sociedade

O ritmo da vida atual 12

"Há tempo de derribar, e tempo de edificar"

Eclesiastes, 3:3

Tema / Conteúdo

O ritmo da vida atual – refletir sobre a utilização que se faz do tempo.

Motivação Inicial

Questionamento – *Propor as perguntas e ouvir atentamente as respostas dos participantes. A seguir, anunciar que o tema para reflexão será sobre a utilização do tempo.*

- O que você consegue fazer em uma hora? E em um minuto? E em um segundo?

Desenvolvimento da aula

Proposta 1 **Data: _____ / _____ / ________**

***Questionamento** – Propor as perguntas a seguir para breve discussão. Conduzir o diálogo baseando-se nas sugestões apresentadas na sequência.*

1. Você encontra tempo suficiente para realizar tudo o que você precisa? Comente.

Ressaltar que necessitamos planejar e priorizar as tarefas no nosso dia a dia. Sem um planejamento adequado, poderemos desenvolver o hábito de adiar atividades básicas em favor de outras que nos são mais fáceis ou agradáveis.

2. Das atividades que você fez quando criança, quais delas o ajudaram ou atrapalharam na vida adulta?

Observar que sob o pretexto de preparar as crianças para o futuro, pode-se exagerar e sobrecarregar suas agendas, de modo que têm pouco tempo "livre" para brincar e serem crianças. Além disso, é importante pensar sobre essa ideia de preparar para o futuro. Queremos mesmo preparar para o futuro ou só estamos com receio de perder o controle sobre elas caso tenham muito tempo livre?

3. Você consegue ensinar seus filhos a usar o tempo?

Ressaltar que ter tempo livre é condição para aprender a usá-lo desenvolvendo a responsabilidade e a autonomia. Crianças sem tempo livre ficam sempre dependentes de agenda ou tutela e, se por acaso, têm um tempo livre, não sabem o que fazer com ele.

4. Você procura estar consciente do momento presente? Consegue concentrar-se?

Orientar que, quando nos preocupamos com o passado, frequentemente nos arrependemos pelo que não fizemos e temos "saudades dos bons tempos", o que pode levar à depressão. Sentimo-nos impotentes, pois não podemos mudar o passado, incapazes de continuar no momento presente.

A preocupação com o futuro gera expectativa e sofrimento por antecipação, podendo nos tornar muito ansiosos. Neste caso, também ficamos incapacitados de viver o momento presente. É importante incentivar as crianças a se concentrarem, prevenindo a depressão e a ansiedade. Para se concentrar no momento presente, podemos observar as seguintes sugestões:

- Aprender com as experiências passadas e construir hoje o amanhã.
- Planejar, estabelecendo prioridades e prazos.
- Distinguir o essencial do não essencial.
- Desenvolver a autodisciplina.
- Sair da rotina, fazer diferente.
- Ser mais flexível e tolerante.

Proposta 2 Data: _____ / _____ / ________

Tabela de atividades *– Apresentar a cada participante um quadro de atividades que normalmente são realizadas, pedindo que numerem a sequência em que ocorrem e sua prioridade. Depois que comentarem sobre quanto tempo utilizam para atividades unicamente materiais e as espirituais e de harmonização familiar, pedir que reflitam: Onde quero chegar com tanta pressa? Quando corro tanto em meu dia a dia, é no futuro de meus filhos que estou pensando? Será que poderia realizar as mesmas tarefas com mais calma e melhor?*

— Tomar banho
— Tomar o café da manhã
— Preparar o almoço
— Arrumar o filho para ir à escola
— Levar o filho à escola
— Ler ou acompanhar a leitura do filho
— Brincar com o filho
— Ir a um passeio com a família
— Verificar a tarefa da escola
— Levar o filho à evangelização infantil
— Fazer compras no supermercado
— Levar o filho a atividades educacionais e esportivas extraescolares
— Deslocar-se de casa para o trabalho
— Almoçar
— Telefonar para um amigo
— Fazer o evangelho no lar

Proposta 3 Data: _____ / _____ / ________

No Evangelho *– Ler o texto a seguir de O Evangelho segundo o Espiritismo, cap. 5, item 5. Depois da leitura, propor as questões, levando os participantes a refletir sobre o uso do tempo.*

"5. A lei humana alcança certas faltas e as pune. Pode-se então dizer que o condenado sofre a consequência do que fez; mas a lei não alcança e não consegue atingir todas as faltas. Ela pune mais especialmente as que trazem prejuízo à sociedade, mas não atinge aqueles que cometeram faltas que prejudicaram a si mesmos. No entanto, Deus quer o progresso de todas as suas criaturas, e é por isso que nenhum desvio do caminho reto fica impune. Não há uma só falta, por menor que seja, uma única infração à sua lei que não tenha forçosas e inevitáveis consequências, mais ou menos lastimáveis, e disso conclui-se que, tanto nas pequenas como nas grandes coisas, o homem sempre é punido pelo erro que cometeu. Os sofrimentos consequentes são para ele uma advertência de que agiu mal. Eles lhe dão experiência e fazem com que sinta a diferença entre o bem e o mal, e o alertam para a necessidade de se melhorar para evitar, no futuro, o que foi para ele uma fonte de desgostos. Sem isso não teria nenhum motivo para se corrigir. Confiante na impunidade, retardaria seu adiantamento e, por conseguinte, sua felicidade futura.

Algumas vezes a experiência vem um pouco tarde, quando a vida já está perturbada e foi desperdiçada, as forças desgastadas e o mal não tem mais remédio. Então, o homem se põe a dizer: Se no início da vida eu soubesse o que sei hoje, quantas faltas teria evitado! Faria tudo de outro modo, mas não há mais tempo! Tal como o trabalhador preguiçoso que diz: "Perdi o meu dia", ele também diz: "Perdi minha vida". Mas da mesma forma que o Sol se levanta no dia seguinte para o trabalhador e uma nova jornada começa, e lhe permite recuperar o tempo perdido, após a noite do túmulo, também brilhará para o homem o Sol de uma nova vida, na qual poderá tirar proveito da experiência do passado e de suas boas resoluções para o futuro."

Questões:

1. Se você pudesse, com a experiência e a bagagem que tem hoje, o que mudaria na educação de seus filhos?

2. De quanto tempo você precisaria para concretizar esse novo projeto?

Finalização da aula

Texto *– Ler o texto a seguir ou reproduzi-lo para distribuição.*

Quantas tarefas, quantos afazeres! Como colocá-los em equilíbrio com a nossa vida, principalmente com a de nossos filhos? Quantas vezes nos pegamos a deixá-los em segundo plano, por uma hora extra no trabalho ou por um compromisso social? Precisamos, dentro do nosso coração, realizar um equilíbrio em relação a tudo que está acontecendo em nossa vida. Pois Deus nos traz muitas oportunidades de viver e aprender as lições e tarefas, mas existem algumas como a família, filhos que estão em primeiro plano. Paremos e olhemos a essência de tudo isso, e saibamos, com o coração, separar o verdadeiro joio do trigo e não nos deixemos prender em acontecimentos sem importância.

Saibamos, sim, tirar a essência da vida e passemos essa lição aos nossos filhos.

Psicografado por Marissol em 25.10.2007

Complementos

- **Bibliografia**

KARDEC, Allan – *A Gênese,* cap. 6, itens 1 e 2.

KARDEC, Allan – *O Evangelho segundo o Espiritismo,* cap. 5, item 5.

- **Dicas**

• O filme *Forrest Gump* (EUA, 1994, direção de Robert Zemeckis) onde o personagem principal, encenado por Tom Hanks, corre sem um motivo ou destino.

• O filme *Click* (EUA, 2006, direção Frank Coraci e Adam Sandler no papel principal) narra a história de Michael Newman, um arquiteto, casado e com dois filhos, que trabalha muito e sempre chega em casa exausto. Ele aceita a oferta de um controle remoto universal que pode avançar e voltar no tempo.

• O filme *Antes de partir* (EUA, 2007, direção Rob Reiner com Jack Nicholson e Morgan Freeman nos papéis principais) mostra dois doentes terminais de câncer, decididos a realizar, antes de morrer, tudo o que sempre quiseram. Imprescindível para toda família e que nos mostra que devemos aproveitar cada minuto da vida e deixar coisas menores de lado em detrimento da felicidade absoluta.

• O filme *Feitiço do tempo* (EUA, 1993, direção de Harold Ramis, com Bill Murray no papel principal) mostra um repórter de televisão que faz previsões de meteorologia e vai a uma pequena cidade para realizar uma matéria especial. Ali fica preso devido a uma tempestade de neve e preso também no tempo, até que se transforme numa pessoa melhor.

• O artigo "Como usar o tempo" de Valentim Lorenzetti, no livro *Caminhos de libertação*, Editora Aliança.

Educação para o consumo 13

"Não ajuntem riquezas neste mundo, onde as traças e a ferrugem destroem, e onde os ladrões arrombam e roubam."

Mateus, 6:19

Tema / Conteúdo

Educação para o consumo – dialogar sobre o consumo responsável.

Motivação Inicial

Brinquedo com sucata – *Levar um brinquedo confeccionado com material reciclado ou sucata. Perguntar aos participantes quanto custou a sua confecção e qual o seu valor perante sua utilização (sua função). O objetivo é refletir que certas atividades humanas podem ser realizadas independente do valor monetário.*

Desenvolvimento da aula

Proposta 1 Data: ____ / ____ / ______

Questionamento *– Propor as perguntas a seguir, ouvir atentamente as respostas e conduzir o diálogo, baseando-se nas sugestões apresentadas.*

1. Como você ensina seu filho a administrar o dinheiro? E como fazer isto?

Observar que os adultos devem estimular as crianças a terem noção de poupança e planejamento de gastos. Podem ser utilizados recursos como:

a) O uso do "cofrinho" como uma forma simplificada de poupança, ensina a criança a priorizar aquilo que deseja comprar de acordo com o que conseguir juntar.

b) Fornecimento de "mesada" ou "semanada" disciplina a criança a não gastar todo o dinheiro até a próxima data de recebimento. Sendo que esta data deve ter a regularidade mantida por parte do adulto, desenvolvendo a honestidade e sentido de compromisso.

O fornecimento do dinheiro não deve significar uma forma de pagamento em troca de boa conduta, de rendimento escolar ou como recompensa afetiva. Por sua vez esse dinheiro não deve ser suprimido se a criança praticou alguma ação indevida, sendo ele a forma de punição.

c) Participação das crianças nas compras do dia a dia para que comecem a entender o que é possível comprar com determinada quantia de dinheiro.

d) Informar à criança a real condição financeira da família, sem excesso de detalhes ou omissões. Falar claramente quando a família não está em condições de adquirir determinados bens. Não esquecer que o entendimento do valor do dinheiro varia de acordo com a maturidade da criança.

Proposta 2 Data: ____ / ____ / ______

Casos *– Ler os casos a seguir e pedir que os participantes comentem como agiriam numa situação semelhante, se já presenciaram alguma cena parecida ou que deem um depoimento de alguma vivência. Conduzir o diálogo baseando-se nas sugestões:*

Caso 1

A mãe vai ao supermercado e cede à pressão da criança, comprando o salgadinho e a bolacha anunciados na TV, ao invés de comprar leite, frutas e verduras, para que o filho tenha uma alimentação adequada.

Observar que é o adulto que deve demonstrar o poder de decisão, ponderando a situação financeira, o momento adequado e a saúde como prioridade. O papel da publicidade é anunciar e vender os produtos. Deve ser conversado com as crianças quando forem capazes de compreender, bem como quais são as reais necessidades de consumo de tais produtos.

Caso 2

A família vai ao shopping e prefere comprar uma peça de "marca" para o filho quando poderia, com o mesmo dinheiro, comprar um vestuário mais completo, embora de marca desconhecida.

Para quê brinquedos, presentes, roupas caras, uma boa casa, se o principal, que é o amor, não sabemos dar?

A atenção, a segurança emocional a esse ser que foi confiado a nós, é fundamental. Saibam que o verdadeiro valor de um lar é a harmonia e o amor que existe entre aqueles que o habitam. Porque, como já dissemos em várias lições, o alicerce para que os filhos cresçam completos e seguros como seres humanos é a harmonia e o amor.

Psicografado por Marissol em 25.10.2007

Caso 3

Um menino de dez anos que já possui um aparelho telefônico celular funcionando e em bom estado, pede aos pais para trocá-lo por um modelo lançado recentemente, alegando que todos os colegas da escola já possuem um.

Ressaltar que a utilização de determinados objetos por parte das crianças é discutível.

Além disso, os pais não devem estimular o consumo exagerado, que gera mais lixo e prejudica o meio ambiente.

Outros fatores a serem discutidos são a ânsia de ter e o incentivo à inveja.

Caso 4

O Natal está chegando. O filho escreve uma carta para o Papai Noel, pedindo o seu presente. Solicita à mãe que a leve ao correio. Ela diz que está muito ocupada com os preparativos da festa.

Salientar que muitas datas comemorativas foram sendo apropriadas pelo comércio, perdendo seu sentido original. No Natal, por exemplo, muitos nem se lembram que é a comemoração do nascimento de Jesus, preocupando-se exclusivamente com presentes e festas.

Finalização da proposta 2

***Texto** – Ler o texto a seguir ou reproduzi-lo para distribuição.*

Nos perdemos numa onda gigantesca que nos leva ao consumismo desenfreado, maluco, irresponsável.

Tudo nos impulsiona ao gasto ou desgaste excessivo.

O ser humano, dito civilizado, por vezes comete insanidades: gasta muito mais do que ganha. Queima mais do que produz. Rouba do meio mais do que repõe a ele.

O tempo passa e todas as orientações da espiritualidade já nos foram dadas. Mas a humanidade ainda dorme ou mantém os olhos fechados para estas verdades:

- Que não louvamos a Deus quando agredimos a natureza.
- Que não damos mostra da nossa fé quando esquecemos que basta para cada dia o seu mal.
- Que nos perdemos quando não acreditamos num futuro melhor para o mundo em que vivemos.

É um trabalho que os cristãos devem exercer de aprimoramento individual. Cada um fazendo sua parte. Cada um contribuindo a seu modo. Acreditando que mesmo uma pequena contribuição pode mudar o mundo.

Acreditando que podemos contagiar o outro pelo exemplo pessoal.

Através da educação preventiva como um ato simples de não jogar lixo na rua, economizar água e energia elétrica sempre que possível.

Cuidado nas nossas escolhas sempre pensando no meio ambiente, no todo, na coletividade.

Se posso instalar um aquecedor solar, por que optar por outro mais dispendioso?

Voltando a falar em educação. Ensinarmos as crianças, pois parece que elas têm mais facilidade em assimilar estes conceitos. E não impulsioná-las ao consumismo como fazem muitos pais.

Lembremos que as riquezas espirituais, invisíveis serão as que poderemos levar conosco para qualquer lugar e que, uma vez conquistadas, ninguém vai nos tirar.

Homem evoluído – planeta salvo!

Psicografado por Beth em 25.10.2007

Proposta 3 Data: ____ / ____ / ______

No Evangelho *– Fazer as perguntas a seguir e ouvir atentamente as respostas. Na sequência, ler o item 12 do capítulo XVI de O Evangelho segundo o Espiritismo, para que os participantes reflitam.*

1. Qual o nosso objetivo na vida?
2. Levando em conta esse objetivo, qual a importância do consumo e acúmulo de bens?

"12. Quando considero a brevidade da vida, causa-me dolorosa impressão a vossa incessante preocupação com os bens materiais, enquanto dedicais tão pouca importância e consagrais tão reduzido tempo ao aperfeiçoamento moral, que vos será levado em conta na eternidade. Seria de crer, ao ver-se a atividade que desenvolveis, tratar-se de uma questão da mais alta importância para a humanidade, quando, na verdade, trata-se quase sempre da satisfação das vossas necessidades exageradas, da vaidade, ou de vos entregardes aos excessos. Quantas penas, quantos cuidados e tormentos, quantas noites em claro, para aumentar uma fortuna frequentemente mais que suficiente! O cúmulo do absurdo é ver-se, não raro, aqueles que têm um imoderado amor da fortuna e dos gozos que ela proporciona, sujeitarem-se a um trabalho penoso, vangloriarem-se de uma vida de sacrifício e merecimento, como se trabalhassem para os outros e não para si mesmos. Insensatos! Pensais que realmente vos serão levados em conta os cuidados e os esforços que o egoísmo, a cupidez ou o orgulho puseram em ação, enquanto esqueceis o vosso futuro, bem como os deveres de solidariedade fraterna, inerentes a todos os que desfrutam os benefícios da vida social? Pensastes apenas no vosso corpo. O seu bem-estar, os seus gozos, foram o objeto exclusivo da vossa egoísta solicitude. Por ele que morre, esquecestes o Espírito que viverá para sempre. Assim esse amo, tão mimado e acariciado, tornou-se o vosso tirano; comanda o vosso Espírito, que se fez seu escravo. Seria esse o objetivo da existência que Deus vos concedeu?"

Finalização da aula

Questionamento – *Propor a pergunta a seguir, ouvir atentamente as respostas e conduzir o diálogo, baseando-se na sugestão apresentada.*

- Por que estamos falando sobre consumismo?

Refletir que vivemos em um planeta cujos recursos naturais são limitados. A produção e o consumo excessivos geram o desgaste e a destruição desses recursos, tornando a vida no planeta inviável para as próximas gerações. Além disso, nosso objetivo aqui é a evolução espiritual. O uso dos bens materiais deve estar a serviço dessa evolução e não ser um fim em si mesmo.

Complementos

- **Bibliografia**

AUTORES DIVERSOS – *Evangelização Infanto-juvenil*: Intermediário B, aula 34 (Um desastre ecológico). São Paulo: Editora Aliança.

KARDEC, Allan – *O Evangelho segundo o Espiritismo*, cap. XVI, item 12. São Paulo: LAKE, 2002.

www.educfinanceira.com.br – programa de educação financeira para crianças e adolescentes, pela professora Cássia D'Aquino. Consultado em 17.11.2012.

- **Textos para subsídio das reflexões**

Texto 1

Quanto à ecologia, o que dizer num tempo em que só vemos destruição e exploração dos meios naturais? E pensar que um dia já fomos parte desses reinos e quanto aprendemos com eles. E agora, o que fazemos? Vocês já pensaram que estamos acabando com a oportunidade de milhões de centelhas divinas de terem as suas experiências? Cuidado, isso nos será cobrado, a educação começa de casa como exemplo. Estamos fazendo a nossa parte?

Psicografado por Marissol em 25.10.2007

Texto 2

Todo excesso nos prejudica.

Provocamos o acúmulo de lixo e materiais inservíveis pela nossa ambição em possuir. O mundo vai ficando pesado, poluído.

Será que Deus fez o mundo para esta carga de detritos materiais?

Imagine uma mesa. Ela pode medir, por exemplo, 1 m^2. A partir daí nós vamos empilhando sobre ela, lâminas de ferro, de papel, de cortiça... Seja lá qual for a densidade de material, a certa altura da pilha, a mesa desaba. Ela atingiu sua resistência máxima onde não seria possível depositar um grama a mais.

Podemos comparar com o nosso planeta que está chegando perto deste ponto de ruptura. Ele não suportará mais toda a carga material (e por que não dizer a espiritual?) que nele vamos dispondo inadvertidamente. Pensamos que Deus o fez unicamente para nosso desfrute.

Agora podemos comparar o planeta com a nossa casa, com a nossa família, com a nossa vida.

Estamos ficando muito pesados, acumulando bens ou objetos totalmente dispensáveis. Isto nos torna pouco flexíveis, presos a estas falsas necessidades.

Somos tão poderosos e tão dependentes ao mesmo tempo. Imagine-se sem celular, telefone fixo, televisão, computador, carro, roupas apropriadas, comida gostosa, banho quente, cama... é quase impossível imaginarmo-nos numa situação de privação material, quanto mais vivenciarmos tudo isto de fato.

Saibamos dar valor a tudo o que somos e possuímos. Sempre é tempo de repensar os hábitos e valores.

Psicografado por Beth em 29.05.2008

- **Dica**

1. A poesia *Eu, etiqueta* de Carlos Drummond de Andrade, (in 'Corpo', Rio de Janeiro, Record, 1985) mostra o homem anulado pelo consumismo.

2. Atitudes para a conservação do planeta:

✓ Cozinhe sempre que possível, pois a refeição se torna mais barata e fresca do que a industrializada.

✓ Evite comprar produtos cultivados com agrotóxicos.

✓ Escolha produtos com embalagens recicláveis, retornáveis e menos agressivas ao meio ambiente.

✓ Pense antes de trocar o celular, o computador, games, roupas e tênis novos, ensinando às crianças a não comprar por impulso.

✓ Economize água, energia elétrica, papel e ensine às crianças de onde eles vêm.

✓ Oriente as crianças a utilizar o material escolar até o fim, não necessitando comprá-lo a cada início de ano.

✓ Estimule a doação de roupas e brinquedos usados.

✓ Facilite o contato das crianças com a natureza, levando-as, por exemplo, a parques e também cultivando uma pequena horta. Assim, as crianças se sentirão parte do mundo, amarão a Terra porque a conhecem e estarão contribuindo na criação de Deus.

Educação na escola e no lar 14

"Pais e educadores! Se o lar deve entrosar-se com a escola, o culto do Evangelho em casa deve unir-se à matéria lecionada em classe, na iluminação da mente em trânsito para as esferas superiores da Vida."

André Luiz / Francisco Cândido Xavier e Waldo Vieira
O Espírito da Verdade, cap. 16.

Tema / Conteúdo

Educação na escola e no lar – dialogar sobre o papel da educação pertinente à escola e ao lar.

Motivação Inicial (da proposta 1)

Tabela – Fazer o quadro a seguir e pedir aos participantes que o completem, assinalando a opção adequada com um X. Observar as semelhanças e diferenças entre o lar e a escola como espaços educativos.

	LAR	ESCOLA
Onde encontramos os educadores verdadeiros?		
Onde começa a educação?		
Quem ensina disciplina?		
Quem ensina respeito?		
Onde se paga um salário pelo serviço prestado?		
Onde há uma carga horária limitada?		
Onde se aprende mais?		
Quem supre a carência afetiva?		

Desenvolvimento da aula

Proposta 1 **Data: _____ / _____ / _______**

Questionamento – *Propor as perguntas para breve discussão, ouvir atentamente as respostas e conduzir o diálogo baseando-se nas sugestões a seguir. Utilizar também os textos ao final da proposta como subsídio para as reflexões.*

1. Podemos considerar o lar como uma escola?

Sim, podemos; porque no lar aprendemos todos os dias do ano. Fins de semana, feriados e em quase 24 horas por dia.

2. Podemos considerar uma escola formal como um lar?

Não. Porque na escola formal os educadores estão sendo remunerados para suas funções. O aluno é matriculado compulsoriamente naquela série do ensino oficial. Passa por ela, nos dias úteis da semana. Ausenta-se nas férias. A carga horária dentro da escola é muito menor do que no lar. A proporção educador e aluno pode chegar de 1 para 100 por sala. A responsabilidade em educar é dividida entre professores, diretores, monitores, pajens... Sendo que em casa é tarefa para uma ou duas pessoas geralmente.

3. Onde o espírito de uma criança aprende mais: no lar ou na escola?

A criança aprende o tempo todo e em qualquer lugar, cabendo à escola fazer a sua parte na formação da criança. Nos lares, os responsáveis dando a ela a formação moral e espiritual.

4. O que dizer dos pais que relegam à escola a total formação dos seus filhos?

Somos responsáveis por tudo o que criamos. O que dirá dos próprios filhos!

Eles não poderão se queixar caso fiquem descontentes com o comportamento dos filhos. Responderão espiritualmente pela omissão. E arcarão com tudo o que possa advir desta indiferença ou descaso.

5. O que dizer dos educadores profissionais que não contribuem para a educação global da criança?

Sofrerão sempre as consequências dos seus atos. Hão de perder a oportunidade de ser amados pelos pupilos. Perderão a oportunidade de crescimento interior, pois, quanto mais ensinamos, mais aprendemos.

6. O que cabe à família (lar) na educação?

Cabe a preocupação operante no sentido de acompanhar a formação espiritual, social, moral dos pequenos. Assim, como dar o suporte necessário para a sua formação intelectual, profissional, acadêmica. Incentivando o progresso contínuo através das tarefas de casa, trabalhos extracurriculares, atividades complementares como cursos paralelos, atividades culturais, de lazer e esportivas. Tudo contribui para o Espírito. E tudo deve ser ofertado à criança.

Psicografado por Beth em 29.11.2007

- **Textos para subsídio das reflexões:**

Texto 1

Lar, primeira escola para o Espírito reencarnante. É no lar que a criança toma as primeiras lições de convivência, é nele que se inicia a noção de sociedade.

Escola, complemento do lar, local onde as crianças ficam durante parte de seu dia e também colabora na formação e socialização delas.

Antigamente toda a família participava da criação de uma criança, pais, avós, tios e primos. A família era extensa.

Atualmente essa família minguou. Antes a escola era para ensinar a criança a ler, escrever e contar. Hoje ela assumiu um papel mais amplo e de grande destaque. Agora a escola também educa, ensina a conviver.

Muitos pais delegam à escola e, exclusivamente a ela, a formação de seu filho, aqui entendemos por formação a cognitiva, emocional e social.

O lar, representado na figura dos pais, vem excluindo-se desse compromisso e muitas vezes questiona a escola quanto à "educação" que ela está dando a seus filhos.

Percebemos a dificuldade pela qual passam as escolas, pois assumiram a função dos pais e agora "criam" essa criança.

Os pais devem tomar o poder que lhes compete e educar seus filhos. Cabe à escola auxiliá-los nessa criação, mas não é unicamente dela essa missão.

Escola e família devem caminhar lado a lado, falando e agindo em uníssono. Quando essas duas instituições fazem seu trabalho, elas se completam e temos então como produto o desenvolvimento da criança.

Todo ser, todo Espírito, precisa se desenvolver em todas as áreas, tornando suas possibilidades infinitas. Mas para que isso aconteça a família não pode delegar a outro o quinhão que lhe compete.

Há vários tipos de famílias e outro tanto de escolas. Cabe aos pais buscarem aquela que melhor se adequar à situação da família. Não é possível haver discrepância entre uma e outra. A criança deve encontrar nela uma continuidade do que vive em casa.

Por isso enviar um filho à escola é um ato de grande responsabilidade. Lá ele irá encontrar diferentes tipos de crianças, famílias e educação e deverá aprender a respeitá-las. Diferentes, isso não quer dizer que é correto ou errado, melhor ou pior, apenas que é diferente. São essas diferenças que a criança deve aprender a observar, respeitar e assimilar ou não. Sem a escola isso não seria possível.

A família deve usar a escola como uma aliada na educação de seus filhos, participar da vida escolar para que eles percebam que esse mundo é importante para seus pais e deem valor a isso.

Todos querem o melhor para a criança. Não é escola versus família, mas escola e família, em uma união com um objetivo único.

Psicografado por Renata Samira em 29.11.2007

Texto 2

Educar é a tarefa principal dos pais. É trabalho difícil, porém edificante.

Ao ensinarmos, muito aprendemos e assim o benefício é comum.

Cabe à escola instruir os seus alunos e aos pais cabe educar seus filhos.

São atividades complementares, mas é reservada aos pais a maior responsabilidade: de criar seus filhos no caminho do bem. Ponto vital é o exemplo. Muito cedo os pequeninos percebem a coerência ou não entre o que os pais dizem e o que fazem.

É preciso bom senso, paciência e muita responsabilidade para educarmos bem os nossos filhos, que serão os homens de amanhã, também pais um dia.

Relembremos os ensinamentos do Cristo:

- Tratar a todos igualmente, sem distinção, com respeito e bondade;
- Respeitar a todos pelo que são, ou seja, filhos do mesmo Pai;
- Treinar o desapego das coisas materiais;
- Combater o egoísmo, buscando sempre aprender mais;
- Não maltratar animais e a Natureza;
- Espalhar a alegria de viver, "fazendo luz" em todos os ambientes;
- Reconhecer os erros que comete e tentar não repeti-los. Isto não é sinal de fraqueza, é humildade. Ser humilde é ter coragem!
- Isto devemos ensinar às nossas crianças, tendo o bom senso de, nós, adultos, aprendermos antes a seguir esta seara.

Que Deus abençoe a todos. Um mentor

Psicografado por Marisa em 15.04.2010

Motivação Inicial (da proposta 2)

Questionamento – *Propor as perguntas e ouvir atentamente as respostas dos participantes.*

• Qual o nome da melhor escola que você conhece? Por que ela é a melhor?

Desenvolvimento da aula

Proposta 2 Data: ____ / ____ / ______

No Evangelho *– Propor as questões a seguir, uma a uma, para breve discussão, ouvindo atentamente as respostas. Depois, ler a pergunta 110 do livro O Consolador.*

1. Qual é a melhor escola para ensinar a seu filho o que ele precisa?
2. Qual a importância da educação no lar?
3. Como a evangelização espírita pode contribuir na formação do ser?

O Consolador. 110 Qual a melhor escola de preparação das almas reencarnadas, na Terra?

– A melhor escola ainda é o lar, onde a criatura deve receber as bases do sentimento e do caráter.

Os estabelecimentos de ensino, propriamente do mundo, podem instruir, mas só o instituto da família pode educar. É por essa razão que a universidade poderá fazer o cidadão, mas somente o lar pode edificar o homem.

Na sua grandiosa tarefa de cristianização, essa é a profunda finalidade do Espiritismo evangélico, no sentido de iluminar a consciência da criatura, a fim de que o lar se refaça e novo ciclo de progresso espiritual se traduza, entre os homens, em lares cristãos, para a nova era da Humanidade.

Finalização da aula

Marcadores de livro *– Distribuir a mensagem abaixo como marcadores de livros, confeccionados com papel cartão ou sobras de material semelhante.*

“(...) iluminar a consciência da criatura, a fim de que o lar se refaça e novo ciclo de progresso espiritual se traduza, entre os homens, em lares cristãos, para a nova era da Humanidade.”

Complementos

• **Bibliografia**

XAVIER, Francisco Cândido (Emmanuel - Espírito) – *O Consolador*, pergunta 110, FEB.

O homem de bem / valorização das virtudes 15

"O verdadeiro homem de bem é aquele que pratica a lei de justiça, de amor e caridade, na sua maior pureza."

Allan Kardec

O Evangelho segundo o Espiritismo, cap. XVII, item 3.

Tema / Conteúdo

O homem de bem/valorização das virtudes – conscientizar que vale a pena insistir nos valores morais e no cultivo das virtudes.

Motivação Inicial

Questionamento – *Fazer a pergunta e ouvir atentamente as respostas.*

• Podemos ensinar nossos filhos a serem homens de bem? E a ser corruptos?

Desenvolvimento da aula

Proposta I **Data: ____/____/______**

Questionamento – *Fazer as perguntas e conduzir o diálogo conforme as sugestões.*

1. O que é, para você, virtude?

Salientar que a virtude é a prática da lei da justiça, de amor e caridade, na sua maior pureza. A essência da perfeição é a caridade na sua mais ampla acepção, porque ela implica a prática de todas as outras virtudes.

2. Que virtudes você gostaria que seu filho desenvolvesse?

Observar que André Comte-Sponville (*Pequeno Tratado das Grandes Virtudes*. São Paulo; Martins Fontes, 1997) apresenta uma possibilidade de identificar as principais virtudes: polidez, fidelidade, prudência, temperança, coragem, justiça, generosidade, compaixão, misericórdia, gratidão, humildade, simplicidade, tolerância, pureza, doçura, boa-fé, humor, amor.

Observar ainda que, de acordo com a época e o grupo social, as virtudes podem ou não ser consideradas como tal. Em muitas situações o que é considerado virtude para um determinado grupo social, contraria as leis divinas. De acordo também com a faixa etária, as crianças têm a possibilidade de desenvolver determinadas virtudes, relacionadas ao seu grau de maturidade.

3. Jesus pede que busquemos a perfeição: "Sede perfeitos como também vosso Pai celestial é perfeito." (Mateus, 5:48) É possível ser perfeito como Jesus pediu?

Conforme *O Evangelho segundo o Espiritismo* "Desde que Deus possui a perfeição infinita em todas as coisas, esta máxima: 'Sede perfeitos, como vosso Pai celestial é perfeito', tomada ao pé da letra, faria supor a possibilidade de atingirmos a perfeição absoluta.

Se fosse dado à criatura ser tão perfeita quanto o seu próprio Criador, ela o igualaria, o que é inadmissível. Mas os homens aos quais Jesus se dirigia não teriam compreendido essa questão. Ele se limitou, portanto, a lhes apresentar um modelo e dizer que se esforçassem para atingi-lo.

Devemos, pois, entender, por essas palavras, a perfeição relativa de que a humanidade é suscetível, e que mais pode aproximá-la da Divindade."

4. Qual o critério ou princípio que podemos seguir para sermos perfeitos?

Procurar viver os ensinamentos de Jesus nas atividades cotidianas é o procedimento mais adequado para alcançar a perfeição que nos é possível, levando em conta a máxima: Amar o próximo como a si mesmo. E esse esforço para o aperfeiçoamento é o melhor exemplo para os filhos. Para ser uma pessoa responsável, competente, leal, no lar, na sociedade ou no trabalho é imprescindível cultivar virtudes como a honestidade, compreensão, perseverança, honradez, solidariedade, justiça, sinceridade, generosidade, flexibilidade e outras mais.

Proposta 2 **Data: _____/_____/________**

Casos *– Ler os casos e pedir que os participantes comentem como agiriam numa situação semelhante, se já presenciaram alguma cena parecida ou que deem um depoimento de alguma vivência. Conduzir o diálogo, baseando-se nas sugestões.*

Caso 1

— Mãe, o João me deu essa revistinha pra eu passar "cola" pra ele na prova!

A omissão do adulto em fatos como esse estimula a criança a receber propinas. Salientar que a infância é o momento propício para se adquirir hábitos salutares e valores morais como, por exemplo, o de ser honesto.

Caso 2

João de 10 anos vendeu um brinquedo quebrado para o Zezinho de 6 anos.

Observar que a exploração, por parte do mais experiente, em relação ao menor é um comportamento inadequado. A noção de certo ou errado começa a ser aprendida muito cedo dentro de casa. Os pais devem estimular os filhos mais velhos a protegerem os menores.

Caso 3

— Mãe, olha o relógio que eu achei no chão da minha classe!

Salientar a necessidade do respeito à propriedade alheia. Dar a mesma importância para a apropriação de objetos de pouco ou muito valor material.

Caso 4

— Pai, nós comemos três sanduíches e a moça só cobrou dois!

Ressaltar que aproveitar-se e tirar vantagem do erro dos outros, apropriar-se do que não é seu, é ser desonesto.

Caso 5

O irmão mais velho dizendo para o menor:

— Se você contar pra mamãe que eu quebrei a planta dela eu te encho de porrada!

Há dois comportamentos a serem observados: a mentira e a intimidação pela força. É importante encorajar a criança a falar a verdade, assumindo seus erros, e a utilizar o diálogo.

Caso 6

— Só faço as lições se ganhar um presente!

Observar o uso da chantagem. Os pais devem estimular, desde cedo, o servir desinteressadamente, que as crianças façam pequenos favores e tarefas pelo simples prazer de ajudar e não para ter algo em troca.

Proposta 3 **Data:** _____ / _____ / _______

Dinâmica das portas *– Ler o texto a seguir. Entregar a cada participante (ou grupo) um cartão simbolizando uma "porta" (Ver Anexo III) com uma das palavras escrita por dentro: amor – paciência – humildade – caridade. Solicitar que cada um abra o cartão e reflita sobre como pode desenvolver a virtude ali escrita (como abrir a porta) servindo de exemplo para se tornar um homem/mulher de bem. Pode-se também solicitar que cada um fale de sua própria vivência, sem se reportar aos outros. Conduzir a reflexão com base nas sugestões abaixo:*

Amar – reconhecer que o outro é um ser diferente de si e com características próprias.

Paciência – capacidade de compreender e aceitar o ritmo dos outros.

Humildade – reconhecer suas falhas e capacidades, saber ouvir críticas.

Caridade – capacidade de se tornar caro (importante) aos outros, de oferecer ao outro aquilo de que ele necessita.

(...) Quanto mais o homem e a mulher estiverem valorizando e aceitando buscar as virtudes na escala da evolução, mais próximos estarão dos ensinamentos de Jesus, o Mestre da luz do caminho, que é o espelho para muitos homens. É o caminho da evolução espiritual que vos levará a todas as portas das virtudes. A porta do amor fluirá sem o ciúme e a possessão. A porta da paciência estará sempre pronta para ouvir e aceitar a limitação do outro. A porta da caridade se alargará abrindo cada vez mais novos caminhos de trabalho e de luz. A porta da humildade estará sempre aceitando que seja aberta e investigada sem queixas. A porta do Pai então se abrirá e a luz penetrará em cada homem, cada mulher e filho, pois aqui está o caminho perfeito. Quando as portas das virtudes se abrem ou fecham, estão nos mostrando caminhos e horizontes nunca explorados ou compreendidos.

Assim, com estas imagens das portas, o homem-pai, homem-filho, homem-ser, quer ser um virtuoso no seu exemplo e conduta moral, que serve de espelho a seus filhos. Nesta busca da perfeição moral deve estar uma grande mulher-mãe, mulher-filha e mulher-luz, que ilumina toda a sua família.

Psicografado por Leonel em 01.11.2007

Proposta 4 **Data: ____ / ____ / ______**

No Evangelho – *Ler o texto O Homem de Bem (E.S.E., cap. XVII, item 3), um parágrafo por vez, ou selecionar os parágrafos mais significativos para o grupo, perguntando a que virtude se refere.*

Por exemplo, o parágrafo 13, "Estuda as suas próprias imperfeições e trabalha sem cessar em combatê-las. Todos os seus esforços tendem a permitir-lhe dizer, amanhã, que traz em si alguma coisa melhor do que na véspera.", refere-se às seguintes virtudes: autoanálise, aperfeiçoamento moral, reforma íntima, perseverança.

Finalização da aula

Texto – *Ler o texto ou reproduzi-lo para distribuição.*

(...) Os homens não podem ser felizes enquanto não viverem em paz, isto é, enquanto não forem animados pelos sentimentos de benevolência, indulgência e condescendência recíprocas e enquanto procurarem esmagar uns aos outros. A caridade e a fraternidade resumem todas as condições e deveres sociais, mas reclamam abnegação. Ora, a abnegação é incompatível com o egoísmo e com o orgulho; logo, com estes vícios não pode haver verdadeira fraternidade, e, em consequência, igualdade e liberdade; porque o egoísta e o orgulhoso tudo querem para si. (...)

Allan Kardec – *Obras Póstumas*

Complementos

- **Bibliografia**

KARDEC, Allan – *O Evangelho segundo o Espiritismo*, cap. XVII, itens 2 e 3. São Paulo: LAKE, 2002.

KARDEC, Allan – *Obras Póstumas*, cap. Egoísmo e Orgulho. São Paulo: LAKE, 1998.

Saúde

Adolescência e puberdade 16

"De onde vem a mudança que se opera no caráter em uma determinada idade e particularmente ao sair da adolescência? É o Espírito que se modifica?
– É o Espírito que retoma sua natureza e se mostra como era."

Allan Kardec
O Livro dos Espíritos, questão 385.

Tema / Conteúdo

Adolescência e puberdade – esclarecer as diferenças: a adolescência é um conjunto de mudanças no comportamento e puberdade se refere às alterações no corpo físico. Orientar os pais para que ajudem seus filhos, acompanhem seu desenvolvimento na infância, preparando-os para a adolescência.

Motivação Inicial

Questionamento – *Fazer as perguntas a seguir e ouvir atentamente as respostas dos participantes.*

- O que o adulto pensa do adolescente? E o que você acha que o adolescente pensa do adulto?

Desenvolvimento da aula

Proposta I **Data: ___/ ___/ _____**

Dramatização *– Dividir os participantes em dois grupos, apresentando um dos casos a seguir. Um dos grupos discutirá sob o ponto de vista do adulto e o outro, sob o do adolescente. Após alguns minutos de discussão e registrados seus argumentos, cada grupo elege um representante para dramatizar a situação, simulando uma conversa entre o adolescente e o adulto, com base no que foi discutido. Depois da apresentação, salientar os pontos positivos e a conduta mais adequada do adulto.*

Caso 1

O adolescente quer ir a uma festa que terminará pela madrugada, num lugar de difícil acesso.

Caso 2

O adolescente sai de casa dizendo que voltará no prazo de 3 horas. Não o faz e nem comunica onde está.

Caso 3

O(a) filho(a) começa a ter um baixo rendimento na escola, porque está voltado para outro interesse (namoro, esporte, música...).

Caso 4

O(a) filho(a) quer colaborar com uma campanha de arrecadação de alimentos para uma instituição. Para isso pretende fazê-lo batendo de porta em porta, pedindo donativos.

Observação: a educação proporcionada na fase infantil é imprescindível para a boa condução dos conflitos próprios na adolescência. Daí verifica-se a importância da evangelização infantil. Estando na fase de desenvolvimento do raciocínio lógico-abstrato, o adolescente precisa de diálogo, de oportunidade de experimentação, limites, atenção.

Proposta 2 **Data: ____/____/______**

Questionamento – *Propor as perguntas, ouvir atentamente as respostas e conduzir o diálogo baseando-se nas sugestões a seguir.*

1. Quais as mudanças físicas na puberdade? O que muda na adolescência?

Observar que a chamada fase da puberdade é um conjunto de transformações psicofisiológicas ligadas à maturação sexual marcando a passagem da infância para a adolescência. Tem início em idades diferentes para meninas e meninos. Em geral as meninas entram na puberdade em torno dos 12 anos e os meninos em torno dos 14. É descrita no livro *Curso de preparação para evangelizador infanto-juvenil* como a "fase do desequilíbrio provisório, normal a todas as passagens de um estágio para outro, suscetíveis de oscilações temporárias. Grandes mudanças físicas e emocionais influenciam o seu comportamento, bem como a maneira como vê a si próprio. É uma fase agitada e de grande interesse sexual. A necessidade de afirmação é tão intensa que poderá manifestar-se através de rebeldia e oposição. Anseia por liberdade e tem tendência a encontrar na própria família uma porção de defeitos, a crítica é exagerada tanto positiva quanto negativa. Geralmente a "mãe" é a eleita para o desafio. É comum atitudes como, por exemplo, depois de demorar mais de meia hora na loja para escolher uma camiseta, o jovenzinho dizer à vendedora:

— Se a minha mãe gostar, posso vir trocar?

Nesta faixa etária é muito vulnerável e influenciável pelo grupo, tornando-se importantíssimo que haja orientação sexual séria e esclarecimentos sobre o problema das drogas.

A pré-adolescência caracteriza-se por ser um momento ambíguo, de aquisição de experiências não vividas na infância e de perda do corpo infantil com o crescimento físico e suas manifestações. Na pré-adolescência ocorre a construção da própria identidade:

- a sexual;
- a ideológica, do eu sou, posicionamento no mundo;
- a profissional, que é a reconstrução interna do eu sou em parte aquilo que faço.

Caberá aos orientadores a tarefa de auxiliá-los através do exemplo e do respeito às suas individualidades, incentivando-os na aquisição de valores nobres."

PRINCIPAIS MUDANÇAS FÍSICAS NA PUBERDADE

MUDANÇAS	MENINOS	MENINAS
Pelos	Pubianos, axilas	Pubianos, axilas
Crescimento	Desengonçado	Harmonioso
Voz	Mais grave; desafina	Continua aguda
Desenvolvimento da ossatura	Ombros, tórax	Quadris
Mudanças mais visíveis	Barba, espinhas	Mamas, cintura, espinhas
Órgãos sexuais	Semenarca (1ª ejaculação)	Menarca (1ª menstruação)

2. Uma das características do adolescente é a rebeldia. Como ela se caracteriza?

Salientar que a adolescência talvez seja a fase mais importante do desenvolvimento humano, é quando o indivíduo se solta da família, vai à procura de seus ideais, forma o seu caráter e começa a andar com suas próprias pernas. O adolescente não tem medo de enfrentar o desconhecido e nem sempre quer ouvir e respeitar o que a sociedade impõe. Ele tem suas próprias regras, suas palavras (gírias) e o seu próprio modo de ver e viver a vida, muitas vezes difícil da sociedade compreender. Constrói sistemas e teorias próprios. Surgem interesses por problemas desatualizados ou por problemas envolvendo a futura situação do mundo, quiméricas e cheias de ingenuidades. Cria teorias políticas, filosóficas, é uma fase de altos e baixos. Surge o pensamento formal, decorrente de hipóteses e deduções. Nesta última fase do desenvolvimento mental tende a conquistar as formas superiores do equilíbrio, próprias do adulto.

O adolescente assume, progressivamente, a direção ativa e pessoal de sua própria vida. É a busca da autoafirmação, que às vezes é intrínseca e outras vezes se revela em forma de rebeldia. É a procura da segurança.

Finalização da aula

Texto *– Ler a poesia ou reproduzi-la para distribuição.*

Menina por dentro, mulher por fora
Menina, menina
Menina, mulher
Há que respeitá-la seja ela o que for.

É momento de transição
É momento de confusão
Menina que quer ser mulher
Mulher que não pensa sequer.

É um estirão desajeitado
Não sabe sentar, nem andar
Equilibra-se em saltos gigantes
Mas quer brincar como antes.

Quebra o salto, rasga a roupa
Pula em festas de adultos
E corre pulando feito louca.

O tempo passa, há mais harmonia
Pouco a pouco o ser se acalma
É o corpo crescido saudando a alma.

O corpo diz: vem ser feliz!
Você tudo pode agora
Mas a alma prudente diz
Cuidado, prá tudo se tem a hora.

E a história se repete
Geração a geração
Ficamos com os hormônios loucos
Mas loucos todos são.

Depois em outra fase
Vemos o filme se repetindo
Mais serenos refletindo.
Sabemos que a fase é curta
O importante é o que estão sentindo.

É um drama dentro duma comédia
É fatal, mas amanhã não
É urgente só no instante
E não o chame de inconstante.

Dura sete anos ou mais
Marca a vida toda e faz
Os pais não a esquecerem jamais
De tão marcante e tenaz.

Psicografado por Beth em 12.06.2008

Complementos

- **Bibliografia**

AUTORES DIVERSOS – *Curso de preparação para Evangelizador Infanto-juvenil,* cap. 7. São Paulo: Editora Aliança, 2001.

INCONTRI, Dora – *A Educação segundo o Espiritismo,* cap. XII, Editora Comenius, 2006.

- **Textos para subsídio das reflexões**

Texto 1

Empatia é a chave, nesta fase de crescimento dos filhos. Mas como exige esforço e sensibilidade dos pais! Somente o amor pode constituir-se na mais eficaz fonte de força para manter tal atitude.

Durante anos, desde o nascimento, pais exercem seu papel assumindo a condução da vida de seus filhos. Tomam muitas decisões por eles, corrigem-nos, motivam e inspiram. Orientam e informam; permitem ou proíbem.

Porém, com a autonomia do ser sendo progressivamente conquistada, a obediência deve ceder algum espaço à experiência. A decisão e a responsabilidade devem amadurecer.

Pais devem respeitar esse processo, em que o jovem observa e experimenta por si. Chega às suas próprias conclusões. Fixa suas vivências e encontra seu rumo. E como choca ao coração de pai e mãe ao ver que tais conclusões, observações e o rumo escolhido não são exatamente aquele que eles próprios teriam escolhido para os filhos. Mas trata-se de um processo irreversível.

Nessa altura, o diálogo fica mais intenso, mais difícil, menos óbvio. É preciso esforço de pais e educadores, um esforço até então pouco treinado porque ainda não era necessário: colocar-se no lugar do filho ou filha. Sentir o que ele ou ela sente. Tentar acompanhar seu modo de pensar, sua lógica. Perceber a influência de outras pessoas, outros jovens e amigos.

Lembrar como foi essa fase de sua vida é útil para pai ou mãe. Difícil porque as responsabilidades e os afazeres soterraram essas lembranças. Mas é um esforço possível, começando pelas recordações dos momentos mais íntimos, das emoções mais fortes.

Colocar-se no lugar do jovem questionador ou encabulado. Relembrar a descoberta das transformações do próprio corpo. Entender-se como alguém que pergunta, cada vez mais: e daí? Qual a consequência? Por que não? Que mal pode haver nisso? Para mim é muito importante! Não pode ser de outro jeito?

O jovem descobre o mundo interior e essa descoberta invisível é muito mais importante que a do mundo exterior. Pais devem reconhecer essa importância.

Colocar-se no lugar do filho ou filha exige esforço. Exige verdadeiro amor. Não se acerta sempre, muito menos sem tentativas e tempo. Mas o verdadeiro amor justifica plenamente o esforço.

Psicografado por Eduardo em 30.09.2010

Texto 2

Ah, quanta dificuldade ainda temos quando de repente nos damos conta de que nossos bebês cresceram! E eles estão cada vez mais independentes, com ideias e atos próprios, deixando para trás a "proteção" com que tanto gostaríamos de poder envolvê-los por todo o sempre.

A adolescência é uma fase de muitas mudanças, tanto no campo psíquico quanto no biológico, o corpo muda e assim a cabeça deve acompanhar.

E o que faremos nós? Os pais gostaríamos de não ver nossa "cria" ganhar asas e voar.

Nosso dever é aprender a ajudá-los a atravessar esta fase da melhor forma possível, adaptando-nos a tratá-los de forma que se sintam respeitados, fazendo crescer a confiança que deveremos levar pela vida afora.

Não é com "gritos" (olha aí o nosso exemplo), com recriminações, com um excesso de autoridade que as conquistaremos, assim só estaremos afastando-os de nosso convívio.

É preciso ter coragem para admitirmos as nossas próprias dificuldades em agir e manejar o adolescente, mas como tudo na vida, com esforço e vontade iremos aprender, pois o amor que nos liga a eles faz tudo valer a pena.

Então, queridos, vamos lutar junto com eles, ombro a ombro para superar as dificuldades, com diálogos constantes, demonstrando no real interesse em tudo o que está acontecendo de novo em suas vidas, e muitas são as novidades.

Pais, não se envergonhem de pedir ajuda de outras pessoas, até de especialistas se julgarem assim ser necessário, o importante mesmo é participar ativamente de todas as mudanças.

Quando cultivamos em nossos filhos a confiança em nós, teremos sempre amigos que encontrarão apoio, carinho e sustentação ao nosso lado. Isso é muito importante, quando ele estiver precisando saber que dentro de seus braços achará o repouso e a proteção que procura.

É após a adolescência que teremos o adulto formado. Invistamos todo nosso amor nesse ser para que possamos criar um "cidadão do mundo".

Psicografado por Marisilda em 07.10.2010

• Dicas

1. Ver Tema 6 – Características do desenvolvimento infantil (características de 10 a 11 anos) de *O Livro dos Pais*, Editora Aliança.

2. Ouvir a música *Rebelde sem causa* da banda Ultraje a Rigor (álbum 'Nós vamos invadir sua praia' – 1985), composição de Roger Moreira que satiriza o comportamento dos pais diante de um adolescente.

Sexualidade 17

"(...) Os Espíritos encarnam como homens ou mulheres, porque não têm sexo. Como devem progredir em tudo, cada sexo, assim como cada posição social, lhes oferece provas, deveres especiais e a ocasião de adquirir experiência. Aquele que encarnasse sempre como homem apenas saberia o que sabem os homens."

Allan Kardec
O *Livro dos Espíritos,* questão 202.

Tema / Conteúdo

Sexualidade – conscientizar de que a sexualidade é parte integrante dos seres humanos desde a infância.

Motivação Inicial

Questionamento – Fazer a pergunta e ouvir atentamente as respostas dos participantes.

• É mais fácil lidar com a sexualidade de seu filho ou de sua filha?

Desenvolvimento da aula

Proposta I **Data: ____/____/______**

No Evangelho *– Perguntar aos participantes se o Espírito, em fase preparatória para reencarnar, prefere fazê-lo como homem ou como mulher. Depois de ouvi-los, ler a resposta da questão 202 de O Livro dos Espíritos, de Allan Kardec. Proceder da mesma maneira com a questão 822-A.*

L.E. 202 Quando está na erraticidade, o Espírito prefere encarnar no corpo de um homem ou de uma mulher?

• Isso pouco importa ao Espírito. Depende das provas que deve suportar.

Os Espíritos encarnam-se homens ou mulheres, porque não têm sexo. Como devem progredir em tudo, cada sexo, como cada posição social, oferece-lhes provas e deveres especiais e novas ocasiões de adquirir experiências. Aquele que fosse sempre homem, só saberia o que sabem os homens.

L.E. 822-A De acordo com isso, para uma legislação ser perfeitamente justa deve consagrar a igualdade de direitos entre o homem e a mulher?

• De direitos, sim; de funções, não. É necessário que cada um tenha um lugar determinado; que o homem se ocupe de fora e a mulher do lar, cada um segundo a sua aptidão. A lei humana, para ser justa, deve consagrar a igualdade de direitos entre o homem e a mulher; todo privilégio concedido a um ou a outro é contrário à justiça. A emancipação da mulher segue o processo da civilização, sua escravização marcha com a barbárie. Os sexos, aliás, só existem na organização física, pois os espíritos podem tomar um e outro, não havendo diferenças entre eles a esse respeito. Por conseguinte, devem gozar dos mesmos direitos.

Proposta 2 **Data: ____/____/______**

Questionamento *– Fazer as perguntas a seguir e conduzir o diálogo conforme as sugestões.*

1. Quando surge a sexualidade?

Observar que a sexualidade não surge de uma hora para outra, em decorrência de um determinado acontecimento, por exemplo, o desejo de namorar, a masturbação, estar apaixonado(a) por um(a) colega da escola... Ela existe desde o nascimento, é nossa condição atual de homens e mulheres e a maneira que escolhemos lidar com ela. Não deve ser confundida com vida sexual e órgãos genitais.

2. Quando devemos ensinar nossos filhos sobre sexualidade?

Salientar que a noção da própria sexualidade se forma no bebê a partir de suas sensações experimentadas ainda no útero, quando recém-nascido, no carinho que recebe, nas informações que capta de seus pais e de todos que o rodeiam, enfim através das mensagens recebidas sobre o que é ser masculino ou feminino. Por volta dos 12 ou 14 anos, com o surgimento de características físicas mais definidas, os pais têm a impressão de que somente aí há o aparecimento da sexualidade. Isto confunde os pais sobre como ensinar o que pode e o que não pode, como falar com os filhos, como se eles nunca tivessem sido meninos ou meninas.

A sexualidade do adolescente tem muitas formas de expressar-se, além de ter um relacionamento sexual. Manifesta-se com o querer apresentar-se bonito(a), com o querer ser notado(a) por alguém, com o escrever poesias, com o cuidar-se e também cuidar afetivamente do outro, com o cativar e ser responsável pelo que cativou.

3. Você consegue conversar sobre sexo com seu filho?

Esclarecer que os próprios adultos têm bloqueios e receio de expor suas dúvidas. Muitas vezes têm conceitos errados e ideias fantasiosas a respeito do sexo; lidam com o sexo de maneira imatura e irresponsável. Porém é importante tentar e orientar os filhos à medida que buscam também boa orientação para si mesmos.

4. Como orientar a criança quanto a comportamentos relacionados à sexualidade (como masturbar-se, mexer nos colegas, exibir o corpo para outros...)?

Observar que, em primeiro lugar, o pai (ou a mãe) não precisa se assustar, ficar escandalizado, pois são comportamentos naturais, fruto da curiosidade infantil. Em segundo lugar, ensinar que há comportamentos que são íntimos e não devem ser feitos em público. Por fim, ensinar que se deve respeitar os outros, assim como a nós mesmos.

5. É suficiente a orientação sexual ser dada na escola?

Lembrar que na escola as crianças aprendem sobre características biológicas, mas o importante é que a família transmita seus valores, seus conceitos em relação à sexualidade, divulgando o que é aceitável para o espaço coletivo ou só no (íntimo) privado.

Proposta 3 **Data: ___/___/_____**

Casos *– Ler os casos a seguir e pedir que os participantes comentem como agiriam numa situação semelhante, se já presenciaram alguma cena parecida ou que deem um depoimento de alguma vivência. Conduzir o diálogo, baseando-se nas sugestões.*

Caso 1

Você está assistindo a uma novela ou filme com seu filho ou filha e passa uma cena de sexo. Como você reage?

Esclarecer que é preciso observar a faixa etária da programação, evitando expor a criança a temáticas inadequadas! Caso seja inevitável, agir com tranquilidade. Observar a reação da criança sem chamar à atenção com explicações além de sua capacidade de entendimento.

Caso 2

Seu filho de 5 anos lhe pergunta de onde vêm os bebês. Como você responde?

Orientar que, se a criança está perguntando, é porque tem curiosidade. Responder aquilo que foi perguntado de modo que ela entenda.

Caso 3

Conta no livro Caminhos de Libertação, de Valentim Lorenzetti, no capítulo "Uma necessidade atual", um caso verídico de uma senhora, assistida por um grupo de voluntários em trabalho de assistência social, que mesmo após ter 14 filhos, não sabia como seus próprios filhos tinham sido gerados. Então, o que dizer de uma criança de 11 anos?

Observar que uma menina de 11 anos tem condições biológicas de ser mãe, mas não tem maturidade psicológica e nem maturidade para medir as consequências de um ato sexual. Por isso a importância dos responsáveis pela educação da criança em explicar o básico da vida no campo moral e orgânico.

Caso 4

Seu filho quer fazer aulas de balé. Você matriculou-o em aulas de artes marciais, mas ele resiste. Como você reage?

Atentar para o fato de que diversos comportamentos considerados masculinos ou femininos são hábitos culturais, que variam entre povos e épocas. Por exemplo, na Rússia, é costume os homens se cumprimentarem com beijo. Além disso, segundo Edgard Armond, no livro O Espiritismo e a próxima renovação, "um Espírito, por exemplo, que venha, já há algum tempo, fazendo experiências no campo das realizações positivas (virilidade, energia física, construtividade dinâmica de ação) próprias do sexo masculino, em certo momento, para retomar o equilíbrio e progredir harmoniosamente, submete-se à Lei do Ritmo e passa a realizar experiências no campo das atividades femininas, desenvolvendo sentimentos de bondade, ternura, paciência, delicadeza, compassividade, maternalidade. (...) É comum verem-se homens efeminados, tímidos, propensos à vida calma e despreocupada dos ambientes domésticos, tendo os mesmos gostos, pendores e sentimentos próprios de mulheres; como, também, mulheres virilizadas, tanto no aspecto físico como nas tendências e nos sentimentos.

Percebe-se logo que os primeiros são Espíritos que estão vindo da linha feminina; mudaram de campo e estão iniciando provas no setor masculino, cujas características de força, decisão, coragem e impetuosidade os amedrontam e constrangem; e os últimos, Espíritos da linha masculina que estão iniciando os primeiros passos no setor da vida feminina, utilizando corpos débeis e delicados, dentro dos quais ainda conservam e manifestam as qualidades próprias do sexo oposto." Portanto, é importante que os pais não rotulem as crianças, exigindo comportamentos que contrariem a sua natureza.

Finalização da aula

Texto *– Ler um dos textos a seguir ou reproduzi-los para distribuição.*

Texto 1

A sexualidade faz parte da vida assim como se alimentar, respirar, dormir.

Parece que os materialistas conseguem entender melhor esta função humana do que os mais espiritualizados que vêem anormalidades onde não existem.

A religião não pode e não deve abafar a sexualidade, a individualidade. Principalmente dos mais jovens que precisam passar por experiências para o próprio desenvolvimento espiritual.

A pessoa cresce e amadurece em todos os sentidos inclusive o sexual.

Se Deus quisesse, nos teria feito assexuados. Mas não, Ele nos deu esta ferramenta e nós decidimos como utilizá-la.

A prática sexual e sexualidade se confundem, mas entendemos que tudo vai evoluindo de acordo com o grau espiritual do indivíduo.

Se virmos no ato sexual algo pecaminoso, ele será pecaminoso. Ao contrário, se encararmos como algo divino, ele será divino.

"Lembremo-nos sempre que devemos fazer ao outro aquilo que desejamos a nós mesmos."

Psicografado por Beth em 17.04.2008

Texto 2

A educação sexual acontece primordialmente no contexto da família onde a criança está inserida. Muitos pais preferem nem tocar no assunto. Outros estimulam as crianças, achando engraçadinho ver crianças de 2, 3 anos beijarem na boca, ou com indagações do tipo: "Quem é seu namorado?" As meninas vestem microssaias, ou micro shorts. As crianças sofrem cada vez mais a influência da TV, de amigos, de parentes, de babás e empregadas, muitas vezes recebendo noções erradas e prejudiciais.

Eu me lembro que gerações, não muito distantes, eram muitas vezes punidas e repreendidas caso mencionassem ou quisessem saber alguma coisa a respeito de sexualidade. A atual, pelo contrário, é bombardeada pela estimulação precoce à erotização.

Há pais que acreditam que só estão lidando com a sexualidade a partir do momento em que ela é falada, seja através de informações ou explicações a respeito. É importante que as questões da criança tenham espaço para serem colocadas e respondidas com clareza, simplicidade, na medida em que esta curiosidade vai se dando.

Às vezes, a criança faz algumas perguntas como "de que maneira o bebê foi parar na barriga da mamãe?" Alguns pais querem se livrar logo do assunto e, na ansiedade, disparam a falar além da necessidade da criança. Quando uma criança pergunta, não quer dizer que ela queira saber detalhes com relação ao ato sexual dos pais. Responder à criança de maneira simples, clara e objetiva satisfaz sua curiosidade. A satisfação dessas curiosidades contribui para que o desejo de saber seja impulsionado ao longo da vida, enquanto que a não satisfação ou o excesso de informações gera ansiedade e tensão.

A sexualidade é parte integrante da nossa vida, afinal foi através da sexualidade que viemos ao mundo, é uma coisa natural nos seres humanos, é uma função como tantas outras, não é uma coisa que tem caráter estritamente erótico e está ligada apenas à realização desses desejos. Essa ideia não é compatível com a imagem que fazemos da pureza e inocência infantil. Se nós, os pais, conseguirmos romper a barreira do preconceito criado em relação à sexualidade poderemos manter um canal aberto e sem traumas com relação à sexualidade com nossos filhos.

Psicografado por Nivaldo em 17.04.2008

Complementos

• Bibliografia

ARMOND, Edgard – *O Espiritismo e a Próxima Renovação,* texto Separações Conjugais à Luz do Espiritismo, cap. 5 Os Espíritos e o Sexo. São Paulo: Editora Aliança.

AUTORES DIVERSOS – *Evangelização Infanto-juvenil*: Intermediário B, aula 22 (João e Helena). São Paulo: Editora Aliança.

DIAS, Cristina Jorge – *Compartilhar jogos e vivências: manual prático de intervenções grupais em educação, saúde, empresas e organizações sociais.* São Paulo: Expressão e Arte Editora, 2008.

FOELKER, Rita – *Caminhando em Família,* cap. "Perante a sexualidade da criança, do adolescente e de cada um", 2ª edição, Jundiaí, São Paulo: Edições GIL, 2005.

KARDEC, Allan – *O Livro dos Espíritos,* questões 200 a 202 e 817 a 822. São Paulo: LAKE, 2001.

LORENZETTI, Valentim – *Caminhos de Libertação,* cap. 15 “Uma necessidade atual”. São Paulo: Editora Aliança, 2004.

• **Dicas**

1. Alertar para um desvio da sexualidade: a pedofilia, que é uma psicopatologia de caráter compulsivo e obsessivo em que adultos têm atração sexual por crianças e adolescentes. O pedófilo é, portanto, um doente que deve ser tratado e afastado da sociedade. Ao contrário do que se pensa, essa atração não está relacionada com a maneira de vestir da criança (sedutora e provocante), ocorre em todas as classes sociais e em mais de 80% dos casos, o agressor é pessoa próxima ou da própria família. O prazer do pedófilo está, sobretudo, no domínio sobre a criança em induzi-la a aceitar algo que ela desconhece e não entende. A criança abusada pode apresentar os seguintes distúrbios de comportamento: introversão, depressão, ansiedade, erotização precoce. Dificilmente essas crianças falam sobre o assunto e quando falam, devem ser levadas a sério. O familiar que sabe dessa situação e negligencia a proteção da criança, torna-se um “abusador passivo”.

2. O filme *Billy Elliot* (Inglaterra, 2000) de Stephen Daldry, apresenta um garoto que demonstra toda sua sensibilidade para a dança e é forçado pelo pai a praticar boxe. Retrata a atividade considerada tipicamente feminina, ressaltando que essa escolha não define a opção sexual.

Medicina psicossomática 18

"Sempre acreditei que as coisas não ocorrem por acaso. Para tudo deve haver uma explicação, uma lei universal que explique, uma lei de causa e efeito, um caminho a ser seguido."

Ubiraci de Souza Leal

Um só caminho, Editora Aliança

Tema / Conteúdo

Medicina psicossomática – demonstrar que a saúde física está relacionada com o equilíbrio espiritual e emocional.

Motivação Inicial

Questionamento – Fazer as perguntas e ouvir atentamente as respostas dos participantes.

- Você já sentiu dor de cabeça ou variação de pressão arterial após uma discussão ou contrariedade?
- Você conhece algum caso onde a criança ficou doente devido a algum abalo emocional (perda de um animal, de um amigo...)?

Desenvolvimento da aula

Proposta I Data: ____/____/______

Questionamento – *Propor as perguntas a seguir para breve discussão, sem apresentar, no primeiro momento, uma resposta definitiva. Na sequência, fazer a leitura do texto para esclarecimento.*

1. O que é saúde? E doença?
2. O comportamento dos pais pode influenciar na saúde dos filhos?
3. O que é psicossomática?

No mundo em que vivemos, podemos perceber que tudo o que ocorre está inter-relacionado. Por mais que pensemos que um fato ocorreu isoladamente, acabamos, após algum tempo, descobrindo que ele tem ligação com outros. Isso ocorre tanto externamente a nós, quanto internamente (como é o caso das doenças e sintomas de doenças).

As ciências da saúde, seja física, seja mental, seja espiritual, dentro do que se chama de visão holística, enxergam o homem como um todo, composto de corpo espiritual (ou alma), corpo energético (perispírito) e corpo físico.

Façamos uma reflexão: se cair uma pedra em meu pé (corpo físico), ocorrerá um ferimento que causará inflamações (distúrbios energéticos) e eu (Espírito, dono deste corpo) vou sentir dor, vou ficar provavelmente com meus movimentos restritos, durante algum tempo. Em outras palavras, a pedra que atingiu meu corpo físico, atingiu a mim como ser. Suponhamos que eu me sinta enganado por um amigo e numa reação de raiva dou um pontapé na parede. Aquela raiva que senti transformou-se numa dor física, provocada pelo pé que acabou machucado. Em outra situação eu poderia não ter dado o pontapé, mas ficar abalado emocionalmente a ponto de sofrer uma dor de cabeça ou dor de garganta, que seria a consequência física daquela raiva que senti por ter sido enganado.

Assim podemos definir: a ciência que estuda as causas das doenças físicas e suas relações com os sentimentos, os comportamentos e energias é a Psicossomática.

Podemos dizer então que eu me relaciono com o mundo (meio em que vivo), a sociedade, os amigos, a família e se essa relação não for satisfatória eu fico sujeito a somatização, fico sujeito a adoecer. A insatisfação é na verdade o desequilíbrio que sinto entre mim e o mundo.

Para eu sofrer menos, pelo menos, preciso aceitar o mundo como ele é e as pessoas como elas são. Aceitar não significa concordar com elas, nem fazer o que elas querem, quando vemos que o que elas desejam é contrário aos nossos princípios de amor, ética e moral. Aceitar é procurar entender as pessoas porque são como são e o que podemos fazer para ajudá-las, se for de nossa vontade.

Suponhamos agora que eu seja um chefe de família, opressor, agressivo, não demonstrando amor a meus familiares. Para meu filho eu sou o mundo dele. Se ele não consegue ficar satisfeito com o mundo, ele poderá adoecer. Nesse caso a doença, por exemplo, pode ser uma falta de ar, uma crise de bronquite e até mesmo uma pneumonia, pois esta é a forma que ele reage psicossomaticamente, por medo, por tristeza, por insegurança (inconscientemente).

Assim como psicossomatizamos por causa dos outros, também causamos a psicossomatização dos outros por causa de nossos atos e ações.

Por isso temos que cuidar bem de nosso corpo, de nosso espírito (sentimentos) e de nossas energias (com boas ações e palavras), pois só assim poderemos evitar as doenças e encontrar a felicidade que tanto desejamos ainda neste mundo.

Proposta 2 **Data: ____/____/______**

Texto *– Organizar os participantes em grupos. Distribuir cada uma das partes do texto a um grupo. Distribuir ainda uma questão a cada grupo. Ler a questão número 1 e pedir que verifiquem qual grupo está com a resposta. Utilizar o mesmo procedimento com as questões seguintes. Identificar a resposta, pela sequência numérica, fazendo breves comentários.*

É natural o desejo no homem de manter-se jovem e saudável. Mas como atingir este desejo?

Já nos foi dito que tudo na Natureza nasce, cresce e morre.

E o que é a doença no corpo físico senão o início da nossa falência física?

A aceitação de que somos seres perecíveis é necessária para vivermos sem sofrimentos ou sobressaltos.

Mas a ciência de que somos seres imortais como Espíritos nos obriga a aproveitar ainda mais cada uma das nossas encarnações, já que são bênçãos de Deus para nossa evolução eterna.

Se por livre e espontânea vontade destruímos nosso corpo físico, estaremos também maculando nosso corpo perispiritual.

A toda ação temos uma reação correspondente.

Devemos amar e respeitar nosso corpo, pois nos é dado de presente para apressar a nossa redenção espiritual. A reencarnação é o processo que acelera nossa ascensão à espiritualidade maior.

Voltando a pensar sobre o corpo físico: hoje podemos falar, sem sermos queimados em fogueiras, que tudo o que pensamos ou sentimos reflete diretamente sobre ele. Já ouvimos isto: - Fiquei cego de raiva.

Temos raiva, rangemos os dentes e estes se desgastam e doem.

Sentimos ódio e o nosso coração começa a adoecer.

Temos sentimentos maléficos e tudo vai se projetando no perispírito (corpo energético) e em nosso organismo.

Existem estudiosos que pesquisam a relação de cada sentimento ou comportamento e sua relação com as doenças. Mas, nós, espíritas, ainda devemos nos lembrar das vidas passadas e de tudo o que ficou gravado no perispírito e que agora começa a despontar em forma de doenças físicas, mentais ou psicológicas.

Aquele que vive em equilíbrio com o seu meio e com seus sentimentos tem menos chances de adoecer. Aquele que comete abusos se expõe mais às doenças.

O conhecimento de que somos corpo físico, energético e espírito, que a vida continua após a morte do corpo, que reencarnamos, que somos responsáveis pelo nosso destino, faz-nos mais capazes em cuidarmos da autopreservação e assim demonstrarmos nosso respeito e amor às obras de Deus, agradecendo todos os dias pelo corpo e pela oportunidade da vida.

Psicografado por Beth em 12.12.2007

Perguntas:

1. Qual o ciclo natural da vida?

2. O que acontece se destruirmos o corpo físico?

3. O pensamento e o sentimento influenciam o corpo físico?

4. O que é medicina psicossomática?

5. O conhecimento auxilia para a manutenção do corpo físico?

Proposta 3 **Data: ____/____/______**

No Evangelho *– Ler Mateus, 9: 2-7, que narra a cura de um paralítico.*

"Apresentaram-lhe um paralítico deitado numa cama. Vendo Jesus a fé daquela gente, disse ao paralítico: 'Coragem, filho, os pecados te são perdoados'. Alguns escribas, porém, disseram dentro de si: 'Este blasfema'. Conhecendo-lhes os pensamentos disse Jesus: 'Por que pensais mal em vossos corações? O que é mais fácil dizer: teus pecados te são perdoados ou dizer levanta-te e anda? Pois bem, para saberdes que o Filho do homem tem na terra autoridade de perdoar os pecados, disse então ao paralítico, levanta-te, toma o leito e vai para casa'. Levantando-se, ele foi para sua casa."

Fazer a pergunta a seguir e ouvir atentamente as respostas:

Por que Jesus recomendou que o paralítico se levantasse, tomasse sua maca e voltasse para casa?

Após as respostas, explicar que nessa passagem são apresentados vestígios dos sentimentos defensivos causadores do "mal". (...) "a cura tem a ver com comodismo, ou seja, egocentrismo. Isso ocorreu quando Jesus estava na casa de Simão, cercado pela multidão e o paralítico insistiu em ser lá levado, e para chegar a Jesus foi içado por um alçapão, descendo do alto chamando a atenção de todos para si."

"Provavelmente, em se falando de doenças e curas, a melhor referência que temos é a Bíblia, nas chamadas curas de Jesus, que, independentemente da conotação apresentada por alguns como sendo "milagres", estudadas à luz da ciência, podemos encontrar grandes indícios das causas psicossomáticas das doenças curadas e da necessidade de o doente corrigir-se, para que não houvesse retorno da doença."

OBS.: outros exemplos de curas com explicações à luz da psicossomática podem ser encontrados no livro Um só caminho, citado na bibliografia.

Finalização da aula

Relaxamento – *Lembrar que o equilíbrio espiritual e emocional estão relacionados com a manutenção da saúde física. Propor um momento de relaxamento, com uma música suave, buscando o equilíbrio interior. Pode-se utilizar um roteiro com palavras que conduzam a esse relaxamento. Dessa maneira o participante tem condições de buscar alternativas para mudança de seus comportamentos.*

Complementos

- Bibliografia

ARMOND, Edgard – *Métodos Espíritas de Cura*, cap. I. São Paulo: Editora Aliança.

ARMOND, Edgard – *Passes e Radiações*, cap. 1. São Paulo: Editora Aliança, 4ª edição, 2006.

LEAL, Ubiraci Souza – *Um só caminho – evolução, saúde, reforma íntima*. São Paulo: Editora Aliança, 2007.

Os vícios e a família 19

"Evangelizando-nos, ficaremos livres de todos estes males e conquistaremos paz interior, perfeição espiritual e, por fim, o Reino de Deus."

Edgard Armond
O Redentor, Editora Aliança.

Tema / Conteúdo

Os vícios e a família – entender a diferença entre vício e defeito. Valorizar o esforço pelo autoaperfeiçoamento.

Motivação Inicial

Reflexão – *Ler o texto a seguir.*

Vícios e defeitos

O esforço para eliminar nossos vícios atuais pode comparar-se ao de galgar meia dúzia de degraus de uma escada vertical.

Mas, para nos livrarmos, de um só que seja, dos defeitos morais que porventura possuamos (por exemplo: o egoísmo, o orgulho), o esforço é comparável ao de galgar uma escada de mil degraus, sendo-se aleijado de uma perna.

Desenvolvimento da aula

Proposta I **Data: ____ / ____ / ______**

Questionamento e reflexão – *Solicitar aos participantes uma definição de vício e defeito, anotando em local visível para todos. Depois de ouvir as definições dadas pelos participantes, apresentar os conceitos que seguem:*

Vício: é um mau comportamento que se torna nocivo pela sua repetitividade e necessidade de ser praticado. Pode ser adquirido pela imitação que fazemos de outra pessoa (consciente ou inconscientemente), ou simplesmente por termos uma atitude que nos trouxe satisfação e passamos a repeti-la, seja ela a causa ou não da satisfação. Exemplo disso são os filhos que imitam os pais na forma de andar, na forma de falar, nos hábitos alimentares, etc. e até mesmo na forma (respeitosa ou não) de tratar outras pessoas.

Defeito ou sentimento defensivo: são mecanismos de defesa que o homem desenvolveu, devido à sua necessidade de sobrevivência. Por exemplo: O egoísmo (preocupação em juntar/trabalhar para a preservação da vida) foi necessário para a sobrevivência e evolução da espécie. Não fosse o egoísmo, o mundo seria desabitado.

Com a evolução, o homem passou a desenvolver novos mecanismos de defesa, mantendo os anteriormente adquiridos. Os sentimentos defensivos estão relacionados a comportamentos.

Veja na tabela que segue, extraída do livro "*Um só caminho*", esses mecanismos de defesa (sentimentos), os comportamentos e virtudes correspondentes:

SENTIMENTOS	COMPORTAMENTOS DEFENSIVOS	COMPORTAMENTOS CONSTRUTIVOS	VIRTUDES
Instinto	Agressividade	Mansuetude	Sensibilidade
Egocentrismo	Comodismo	Colaboração	
Ciúme	Possessividade	Compartilhamento	Despreendimento
Egoísmo	Avareza	Generosidade	
Vaidade	Melindre	Aceitação	Humildade
Orgulho	Arrogância	Simpatia	
Inveja	Cobiça	Abnegação	Intuição
Juízo	Prejulgamento	Compreensão	

1. O que é mais fácil combater: um vício ou um defeito?

Observar que o vício, como se trata de algo adquirido, é mais fácil de ser extirpado que os defeitos.

2. Como combater/prevenir os vícios?

Ressaltar que, de acordo com as definições apresentadas, podemos concluir que os vícios estão relacionados aos defeitos. Combater os vícios sem pensar nos defeitos pode ser um trabalho inútil.

Os defeitos nos ajudam a viver e evoluir. Eles não devem ser "eliminados", mas equilibrados. Um vício é sinal de sentimentos defensivos (ou defeitos) em desequilíbrio. Logo, para eliminar o vício (ou preveni-lo), faz-se necessário equilibrar os defeitos.

Por exemplo: pais que fazem tudo o que os filhos querem (ou pedem), com medo de frustrá-los, contribuem com o desequilíbrio do egocentrismo. Criam seres incapazes de esperar para terem seus desejos atendidos. Pais que humilham os filhos para que se esforcem para melhorar, ou que estabelecem metas para que os filhos as alcancem a todo custo, contribuem para um desequilíbrio do orgulho. Tornam-se crianças que não conseguem acreditar em si mesmas, inseguras.

1. Como fazer para auxiliar os filhos a equilibrarem os sentimentos defensivos?

Lembrar que devem incentivar a prática dos comportamentos construtivos, conforme a tabela apresentada anteriormente. Importante ressaltar que o Espírito encarnado, em suas diversas fases, está retomando os sentimentos. Assim, o bebê experimenta o instinto e o egocentrismo. A criança e o adolescente, o ciúme e o egoísmo. O jovem e o adulto, a vaidade e o orgulho.

Desta forma, para auxiliar o bebê a equilibrar o egocentrismo, não adianta querer forçosamente que ele preste atenção às necessidades dos outros. Mas é fundamental o adulto dar o exemplo, praticando ele mesmo a colaboração e o compartilhamento.

Proposta 2 **Data: _____ / _____ / ________**

Casos – *Ler os casos e pedir que os participantes comentem se já presenciaram alguma cena parecida ou que deem um depoimento de alguma vivência. Conduzir o diálogo baseando-se nas sugestões:*

Caso 1

João pede ao filho que lhe traga uma cerveja que está na geladeira. O menino põe a cerveja no copo e toma um gole. João, então, o repreende, dizendo que o álcool não é saudável.

Observar que a coerência entre a atitude e o que se diz é importante, pois proporciona confiança e serve como modelo para futuras atitudes dos filhos. O exemplo dos pais e a orientação são os melhores procedimentos para prevenir os vícios dos filhos. Verificar ainda que a facilidade de acesso às crianças das drogas que se encontram disponíveis em casa, como bebidas, cigarro e remédios, incentiva ao vício.

Não podemos punir a criança, se ainda cometemos os mesmos erros que elas – mentir, agredir o outro, fugir das responsabilidades dos nossos atos. Mas podemos dialogar, dizendo: sei como é difícil para você não agir desta forma, porque eu também sinto que falho nestas situações.

Caso 2

A família vai visitar uma vizinha e a filha diz que não gosta de ir lá, porque a senhora é muito maledicente. Se ela fala mal dos outros, deve falar mal deles também.

Ressaltar que a maledicência é um vício. Às vezes, os adultos não percebem quão prejudicial é fazer comentários inadequados e, na presença das crianças, maior ainda é o prejuízo para sua formação.

Caso 3

Uma mulher, estando grávida, decidiu seguir a orientação médica e, com muito esforço, parou de beber e fumar, em benefício da saúde do bebê.

Esclarecer que o esforço imediato deve ser valorizado, objetivando, além da própria saúde, a do feto. Dessa maneira, previne consequências graves como a má formação do bebê e a dependência química.

Vale a pena nos esforçarmos para errarmos menos. O nosso filho vai perceber nosso esforço em acertar, em proporcionar o melhor para a família e para ele.

Caso 4

A criança, no supermercado, pergunta aos pais se querem que ela pegue a cerveja. A mãe, então, responde:

– Não é necessário, porque resolvemos parar de beber.

Destacar que o esforço que fazemos para combater nossos vícios é um poderoso exemplo para nossos filhos.

Falar e não dar exemplo é inócuo no aprendizado. É contraditório e não funciona na educação de ninguém.

Explicar aos pais que o processo de combate aos vícios é eterno e que ninguém deve se sentir diminuído ou pecador por seus erros.

Todos nós somos falíveis e aprendizes de Jesus. Ressaltemos a vida de Jesus, suas virtudes, suas passagens.

Finalização da aula

Texto *– Ler o texto a seguir ou reproduzi-lo para distribuição.*

O melhor caminho para a educação dos filhos é a autoeducação.

O adulto que se esforça no processo de reforma de si mesmo desenvolve energia para identificar com clareza os desvios de conduta dos seres a quem mais ama, e tem melhores condições de corrigi-los pela força moral do exemplo.

Em uma sociedade que entroniza a conduta egoísta, e não cogita de valores e interesses além da matéria, a pressão contra o esforço de espiritualização predomina e impede que o ser deixado sem referências construtivas tenha melhores condições de encontrar e despertar virtudes em si mesmo.

Pais que reconhecem seus erros e suas próprias tendências inferiores, ao lutarem para o próprio aperfeiçoamento, adquirem ampla capacidade de transformar os filhos para melhor.

O processo de autoanálise é revelador para a consciência. Buscamos pelo autodomínio maior capacidade de deter a cólera, o desânimo, a tristeza, a inveja, que se manifestam em determinados momentos com uma força e uma velocidade tais que dificultam a manutenção das condições de equilíbrio.

Porém, quando nos exercitamos no conhecimento de nosso mundo interior, adquirimos uma energia espiritual que se acumula e nos ajuda a desenvolver sentimentos, reconhecer o senso de justiça, facilitar a empatia e a compreensão nas relações humanas e na extensa tarefa de educar almas.

Observemos o quanto os pais se esforçam para melhorar a si mesmos e teremos uma ideia das capacidades que possuem para formar o caráter de seus filhos.

Psicografado em 22.05.2008

Complementos

• ***Bibliografia***

ARMOND, Edgard – *Na Semeadura I*, item 159 "Vícios e defeitos". São Paulo: Editora Aliança.

LEAL, Ubiraci de Souza – *Um só caminho – evolução, saúde, reforma íntima*. São Paulo: Editora Aliança, 1ª edição, 2007.

AUTORES DIVERSOS – *Iniciação Espírita,* cap. 68. São Paulo: Editora Aliança, 2011.

• Dicas

Para a proposta 1, é recomendável a leitura do livro *Um só caminho,* que aprofunda as definições de vícios e defeitos.

Anexo I

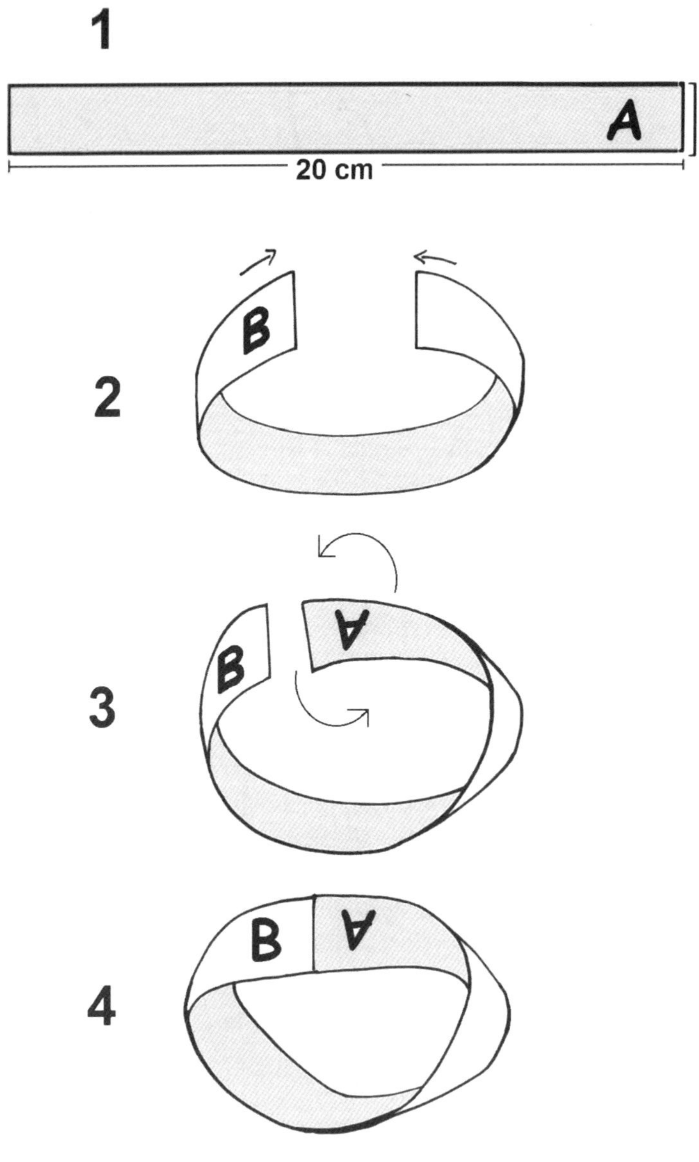

Anexo II

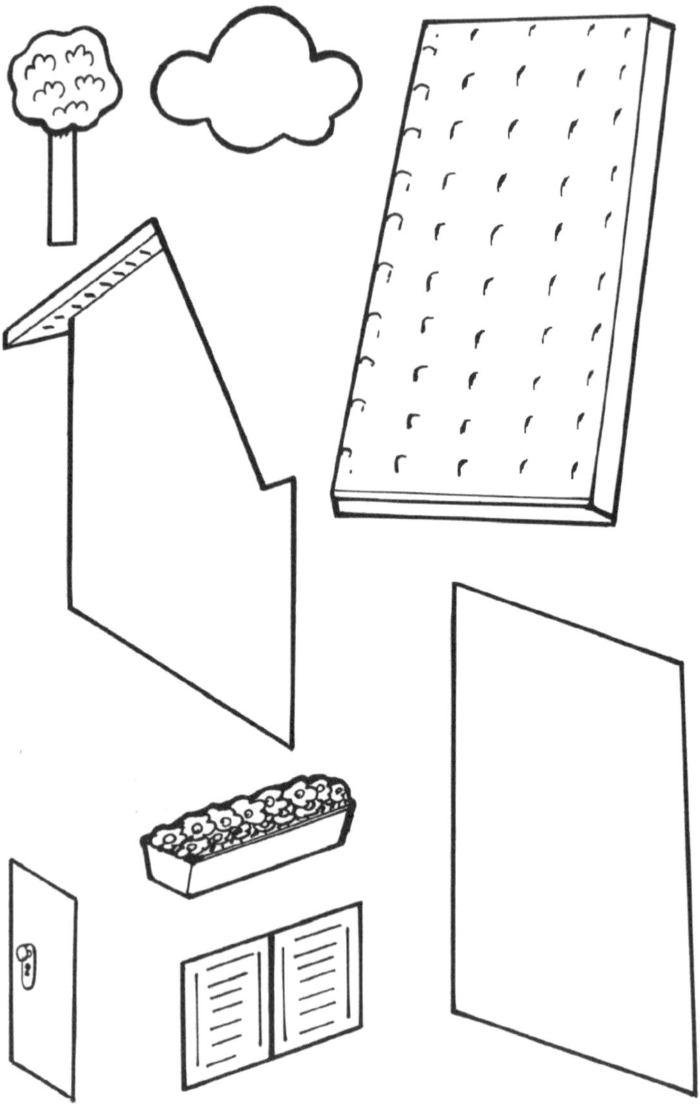

Anexo III

AMOR

CARIDADE

PACIÊNCIA

HUMILDADE

Curso de Preparação para Evangelizador da Infância

Organização: Vera Perez
Autores Diversos
Gênero: Estudo
21x28 cm | 208 páginas

Obra essencial para preparação e reciclagem de evangelizadores. Com fundamentos pedagógicos e orientações necessárias.

O Caso das Irmãs Fox

Autor: Marcelino T. Vargas
Gênero: Literatura Infanto-Juvenal
16x23 cm | 24 páginas

A comprovação da existência do plano espiritual e sobrevivência do Espírito através das manifestações. Com aventura e emoção.

Campanha de Preservação da Vida

EDITORA ALIANÇA

Tema: PREVENÇÃO AO SUICÍDIO